本書係「敦煌文獻系統性保護整理出版工程」項目成果

二〇二一—二〇三五年國家古籍工作規劃重點出版項目

「十四五」國家重點出版物出版規劃項目

國家古籍整理出版專項經費資助項目

中國國家圖書館藏敦煌文獻

中國國家圖書館 編

第五〇冊

BD00748～BD00763

國家圖書館出版社

DUNHUANG MANUSCRIPTS IN THE NATIONAL LIBRARY OF CHINA

050

BD00748 ~ BD00763

compiled by the

National Library of China

National Library of China Publishing House

凡例

一　本書刊布中國國家圖書館藏敦煌文獻，以館藏編號爲序編排。

二　館藏編號采用「BD+流水號」格式，如 BD00001, BD16579 等。背面在編號後加 v 表示。一個編號包含多件文獻者，編號後分别綴以字母 A, B, C 等。一件文獻含有多個内容者，以數字 -1, -2, -3 等標明順序。

三　圖版有縮印或放大處另加説明，尺寸超出本書幅面的以摺葉形式呈現。

四　卷軸裝、梵夾裝、經摺裝等裝幀形制的敦煌文獻，各附外觀圖像。

五　每件文獻依次呈現外觀、正面、背面等。背面僅刊布有文字、圖像或其他要素的圖版，而略去素紙部分，背面圖版同樣以從右到左順序編排。凡有外題者，遵從以上原則。

六　除個别特殊情况外，爲保證閲讀連貫、流暢，圖版儘量通欄呈現。

七　各葉上方附該件文獻全圖，以高亮形式顯示本葉大圖在全卷中的位置。部分長卷文獻全圖衹能分多段呈現時，在上段末以❮符標示下段接續。卷尾内容不足一葉時，文獻全圖使用該圖卷尾部分，亦以❮符標示。背面圖版文字與正面文字方向相反時，文獻全圖按原貌顯示，正文翻轉呈現，以便閲讀研究，用◎符標示。

八　文獻題名大體沿用中國國家圖書館此前所編多部敦煌文獻目録的考證，部分吸收學界最新研究成果略作調整和完善。文獻題名綜合參考原卷首題、尾題、外題確定，如原卷題名與該文獻正式名稱不同，則采用正式名稱；無題名者，或比定題名，或擬定新名。非漢文文獻在題名前標注語種。有分卷不同等其他情况者，括注於文獻名稱後。

九　本書著録使用通行繁體字，涉及原文中的人名、地名等，必要時保留原字形。

About this publication

1. The documents are presented in shelfmark order.
2. The shelfmarks are in the form BD plus a running number, eg. BD00001, BD16579, &c. If a given shelfmark contains multiple documents, these are distinguished by the letters A, B, C, &c. If a document has multiple contents, they are distinguished by the numbering 1, 2, 3, &c. The verso side of an item is indicated by the letter v.
3. If it has been necessary to reduce or enlarge the size of an illustration, the dimensions are indicated. If the size of an illustration exceeds the size of the book, a folding sheet is used.
4. If the document is a scroll, a folded sutra, or has a stitched binding, a picture of the whole object is provided to show its external appearance.
5. The cover, front, and back of each document are reproduced in sequence. The back of a document is only reproduced if it contains text, illustrations, or other markings, and it is oriented from right to left. If it is blank it is not reproduced.
6. Except in a few special cases, the lines of text are reproduced unbroken to make them coherent and easier to read.
7. An illustration of the complete document is reproduced at the top of each page, and the section where the main illustration appears is highlighted in order to indicate its position. If it has only been possible to reproduce a long scroll in sections, the direction symbol has been used to indicate where one illustration ends and the next one begins. If the end of the scroll occupies less than one page, the direction symbol is used to indicate its position in the illustration of the complete document. If the text on the back of the document has a different orientation from the text on the front, it is reproduced as it is, but is also rotated (indicated with the rotation symbol) so that it can be read easily.
8. The titles of the documents generally conform with those already established by the Library, but in some cases have been amended by drawing on the most recent scholarly research. The titles are derived firstly from the beginning of the text, then from the end of the text, and lastly from the cover. If the title of a document differs from its authoritative form, the authoritative form is used; and if a document has no title, one is either supplied by comparison with similar documents, or a new one is devised. If the document is not in Chinese, its language is indicated before the title. If the number of juan is different from that of the authoritative version, or if there are other irregularities, this is noted.
9. The documents in the book are in traditional Chinese characters. Where the title contains personal or place names, the original characters used for these names are retained.

(Translated by David Helliwell)

第五〇册目録

BD00748 妙法蓮華經卷二

（後秦）鳩摩羅什 譯

290.2cm×26.3cm

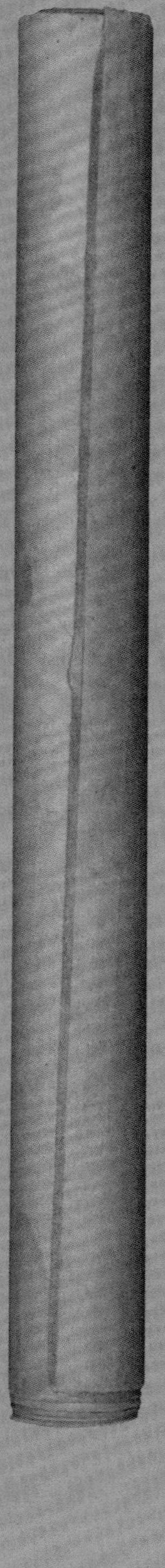

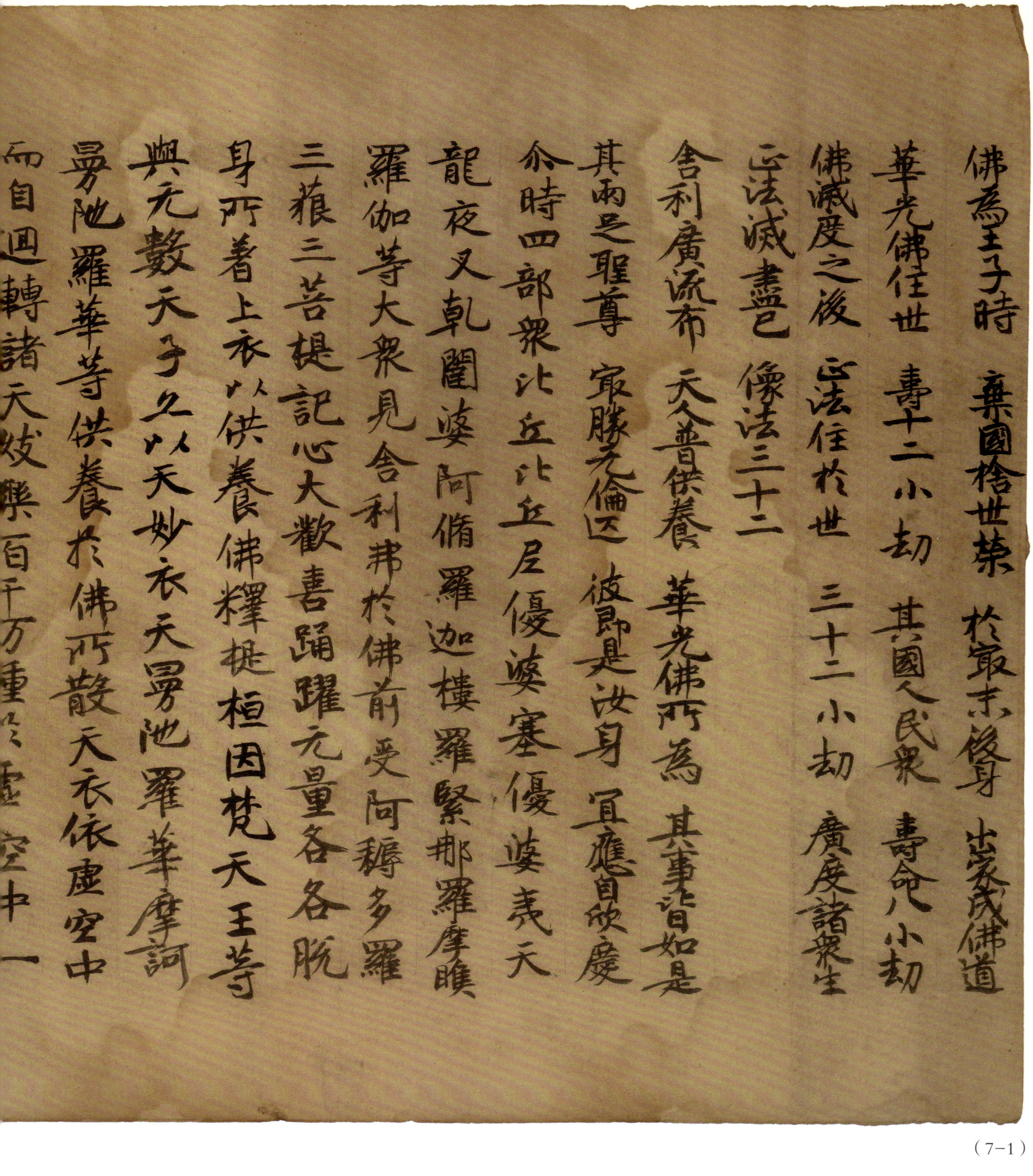

佛爲王子時　棄國捨世榮　於最末後身　出家成佛道
華光佛住世　壽十二小劫　其國人民衆　壽命八小劫
佛滅度之後　正法住於世　三十二小劫　廣度諸衆生
正法滅盡已　像法三十二
舍利廣流布　天人普供養　華光佛所爲　其事皆如是
其兩足聖尊　最勝無倫匹　彼即是汝身　宜應自欣慶
尒時四部衆比丘比丘尼優婆塞優婆夷天
龍夜叉乾闥婆阿脩羅迦樓羅緊那羅摩睺
羅伽等大衆見舍利弗於佛前受阿耨多羅
三藐三菩提記心大歡喜踊躍无量各各脫
身所著上衣以供養佛釋提桓因梵天王等
與无數天子亦以天妙衣天曼陀羅華摩訶
曼陀羅華等供養於佛所散天衣住虛空中
而自迴轉諸天伎樂百千万種於虛空中一

時俱作雨衆天華而作是言佛昔於波羅奈
初轉法輪今乃復轉无上冣大法輪尒時諸
天子欲重宣此義而說偈言
昔於波羅奈　轉四諦法輪　分別說諸法　五衆之生滅
今復轉冣妙　无上大法輪　是法甚深奥　少有能信者
我等從昔来　數聞世尊說　未曾聞如是　深妙之上法
世尊說是法　我等皆隨喜　大智舍利弗　今得受尊記
我等亦如是　必當得作佛　於一切世間　冣尊无有上
佛道叵思議　方便隨宜說
我所有福業　今世若過世　及見佛功德　盡迴向佛道
尒時舍利弗白佛言世尊我今无復疑悔親
於佛前得受阿耨多羅三藐三菩提記是諸
千二百心自在者昔住學地佛常教化言我
法能離生老病死究竟涅槃是學无學人亦

法能離生老病死究竟涅槃是學无學人亦
各自以離我見及有无見等謂得涅槃而今
於世尊前聞所未聞皆墮疑惑善哉世尊願
爲四衆說其因緣令離疑悔尒時佛告舍利
弗我先不言諸佛世尊以種種因緣譬喻言
辞方便說法皆爲阿耨多羅三藐三菩提耶
是諸所說皆爲化菩薩故然舍利弗今當復
以譬喻更明此義諸有智者以譬喻得解舍
利弗若國邑聚落有大長者其年衰邁財富
无量多有田宅及諸僮僕其家廣大唯有一
門多諸人衆一百二百乃至五百人止住其
中堂閣朽故墻壁頹落柱根腐敗梁棟傾危
周帀俱時欻然火起焚燒舍宅長者諸子若
十二十或至三十在此宅中長者見是大火

從四面起即大驚怖而作是念我雖能於此
所燒之門安隱得出而諸子等於火宅內樂
著嬉戲不覺不知不驚不怖火來逼身苦痛
切己心不猒患无求出意舍利弗是長者作
是思惟我身手有力當以衣祴若以机案從
舍出之復更思惟是舍唯有一門而復狹小
諸子幼稚未有所識戀著戲處或當墮落為
火所燒我當為說怖畏之事此舍已燒宜時
疾出无令為火之所燒害作是念已如所思
惟具告諸子汝等速出父雖憐愍善言誘喻
而諸子等樂著嬉戲不肯信受不驚不畏了
无出心亦復不知何者是火何者為舍云何為
失但東西走戲視父而已尒時長者即作是
念此舍已為大火所燒我及諸子若不時

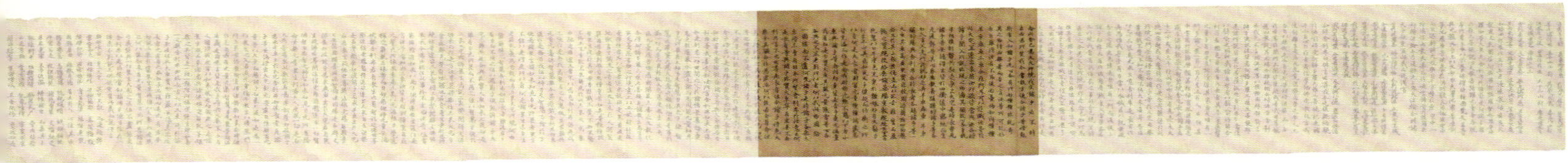

念此舍已為大火所燒我及諸子若不時
出必為所焚我今當設方便令諸子等得免
斯害父知諸子先心各有所好種種珎玩奇
異之物情必樂著而告之言汝等所可玩好
希有難得汝若不取後必憂悔如此種種
羊車鹿車牛車今在門外可以遊戲汝等於
此火宅宜速出來隨汝所欲皆當與汝尒時
諸子聞父所說珎玩之物適其願故心各勇鋭
互相推排競共馳走爭出火宅是時長者見
諸子等安隱得出皆於四衢道中露地而坐
无復鄣㝵其心泰然歡喜踊躍時諸子等各
白父言父先所許玩好之具羊車鹿車牛車
願時賜與舍利弗尒時長者各賜諸子等一
大車其車高廣衆寶莊校周匝欄楯四面懸

鈴又於其上張設幰蓋亦以珍奇雜寶而嚴
飾之寶繩絞絡垂諸華纓重敷綩綖安置丹
枕駕以白牛膚色充潔形體姝好有大筋力
行步平正其疾如風又多僕從而侍衛之所
以者何是大長者財富无量種種諸藏悉
皆充溢而作是念我財物无極不應以下劣小
車與諸子等念此幼童皆是吾子愛无偏黨
我有如是七寶大車其數无量應當等心各
各與之不宜差別所以者何以我此物周給
一國猶尚不匱何況諸子是時諸子各乘大
車得未曾有非本所望舍利弗於汝意云何
是長者等與諸子珍寶大車寧有虛妄不舍
利弗言不也世尊是長者但令諸子得免火
難全其軀命非為虛妄何以故若全身命便

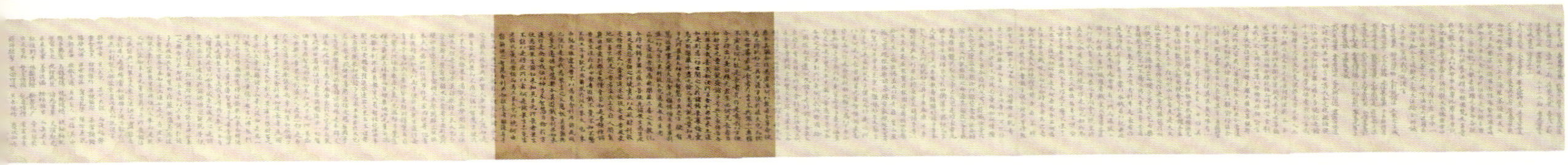

難全其軀命非爲虛妄何以故若全身命便
爲已得玩好之具况復方便於彼火宅而拔
濟之世尊若是長者乃至不與最小一車猶
不虛妄何以故是長者先作是意我以方便
令子得出以是因緣无虛妄也何况長者自
知財富无量欲饒益諸子等與大車佛告舍
利弗善哉善哉如汝所言舍利弗如來亦復
如是則爲一切世間之父於諸怖畏衰惱憂
患无明闇蔽永盡无餘而悉成就无量知見
力无所畏有大神力及智慧力具足方便智
慧波羅蜜大慈大悲常无懈惓恒求善事利
益一切而生三界朽故火宅爲度衆生生老
病死憂悲苦惱愚癡闇蔽三毒之火教化
令得阿耨多羅三藐三菩提見諸衆生爲生老

病死憂悲苦惱之所燒煮亦以五欲財利故
受種種苦又以貪著追求故現受眾苦後受
地獄畜生餓鬼之苦若生天上及在人間貧
窮困苦愛別離苦怨憎會苦如是等種種諸
苦眾生沒在其中歡喜遊戲不覺不知不驚
不怖亦不生猒不求解脱於此三界火宅東
西馳走雖遭大苦不以為患舍利弗佛見此
已便作是念我為眾生之父應拔其苦難與
无量无邊佛智慧樂令其遊戲舍利弗如来
復作是念若我但以神力及智慧力捨於方
便為諸眾生讚如来知見力无所畏者眾生
不能以是得度所以者何是諸眾生未免生
老病死憂悲苦惱而為三界火宅所燒何由
能解佛之智慧舍利弗如彼長者雖復身手

能觧佛之智慧舍利弗如彼長者雖復身手
有力而不用之但以慇勤方便勉濟諸子火
宅之難然後各與珎寶大車如来亦復如是
雖有力无所畏而不用之但以智慧方便於
三界火宅拔濟衆生為說三乘聲聞辟支佛
佛乘而作是言汝等莫得樂住三界火宅勿
貪麁弊色聲香味觸也若貪着生愛則為所
燒汝等速出三界當得三乘聲聞辟支佛佛
乘我今為汝保任此事終不虛也汝等但當
勤脩精進如来以是方便誘進衆生復作是
言汝等當知此三乘汝皆是聖所稱嘆自在
无繫无所依求乘是三乘以无漏根力覺道
禪定解脫三昧等而自娛樂便得无量安隱
快樂舍利弗若有衆生內有智性從佛世尊

聞法信受慇懃精進欲速出三界自求涅槃
是名聲聞乘如彼諸子為求羊車出於火宅
若有衆生從佛世尊聞法信受懃勤精進求
自然慧樂獨善寂深知諸法因緣是名辟支
佛乘如彼諸子為求鹿車出於火宅若有衆
生從佛世尊聞法信受勤脩精進求一切智
佛智自然智无師智如来知見力无所畏愍
念安樂无量衆生利益天人度脫一切是名
大乘菩薩求此乘故名為摩訶薩如彼諸子
為求牛車出於火宅舍利弗如彼長者見諸
子等安隱得出火宅到无畏處自惟財富无
量等以大車而賜諸子如来亦復如是為一
切衆生之父若見无量億千衆生以佛教門
門三界苦怖畏險道得涅槃樂如来尒時便

門三界苦怖畏險道得涅槃樂如来尒時便
作是念我有无量无邊智慧力无畏等諸佛
法藏是諸衆生皆是我子等與大乘不令有
人獨得滅度皆以如来滅度而滅度之是諸
衆生脫三界者悉與諸佛禪定解脫等娛
樂之具皆是一相一種聖所稱嘆能生淨妙第
一之樂舍利弗如彼長者初以三車誘引諸
子然後但與大車寶物莊嚴安隱第一然彼
長者无虛妄之咎如来亦復如是无有虛妄
初說三乘引導衆生然後但以大乘而度脫
之何以故如来有无量智慧力无所畏諸法
之藏能與一切衆生大乘之法但不盡能受
舍利弗以是因緣當知諸佛方便力故於一
佛乘分別說三佛欲重宣此義而說偈言

譬如長者　有一大宅　其宅久故　而復頓弊
堂舍高危　柱根摧朽　梁棟傾斜　基陛隤毀
牆壁圮坼　泥塗褫落　覆苫亂墜　椽梠差脫
周鄣屈曲　雜穢充遍　有五百人　止住其中
鵄梟鵰鷲　烏鵲鳩鴿　蚖蛇蝮蝎　蜈蚣蚰蜒
守宮百足　狖狸鼷鼠　諸惡虫輩　交橫馳走
屎尿臭處　不淨流溢　蜣蜋諸虫　而集其上
狐狼野干　咀嚼踐蹋　齧齧死尸　骨肉狼藉
由是羣狗　競來搏撮　飢羸慞惶　處處求食
鬪諍齟掣　啀喍嘷吠　其舍恐怖　變狀如是
處處皆有　魑魅魍魎　夜叉惡鬼　食噉人肉
毒虫之屬　諸惡禽獸　孚乳產生　各自藏護
夜叉競來　爭取食之　食之既飽　惡心轉熾
鬪諍之聲　甚可怖畏　鳩槃荼鬼　蹲踞土埵

鬪諍之聲　甚可怖畏　鳩槃荼鬼　蹲踞土埵
或時離地　一尺二尺　往返遊行　縱逸嬉戲
捉狗兩足　撲令失聲　以脚加頸　怖狗自樂
復有諸鬼　其身長大　裸形黑瘦　常住其中
發大惡聲　叫呼求食　復有諸鬼　其咽如針
復有諸鬼　首如牛頭　或食人肉　或復噉狗

BD00749 大般涅槃經卷一二

（北涼）曇無讖 譯

753.3cm × 27.3cm

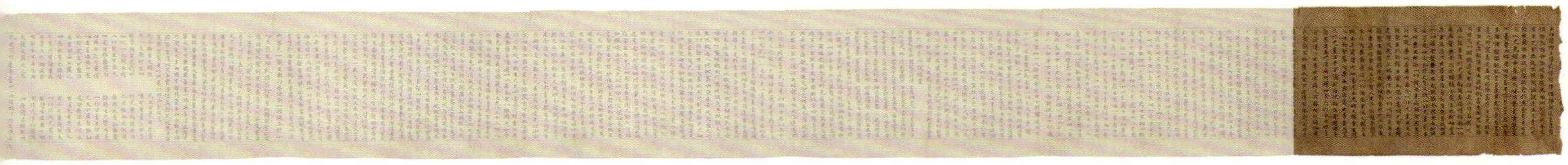

不如慢增上慢我慢耶慢憍慢放逸貢高懟
恨諍訟耶命諂媚詐現異相以利求利惡求
多求无有恭敬不隨教誨親近惡友貪利无
猒纏縛難解欲於惡欲貪於惡貪身見有見
及以无見頻申憙睡欠呿不樂貪嗜飲食其
心蔓普心緣異相不善思惟身口多惡好憙
多語諸根闇鈍發言多虛常爲欲覺恚覺害
覺之所覆蓋是名煩惱障業障者五无間罪
重惡之病報障者生在地獄畜生餓鬼誹謗
正法及一闡提是名報障如是三障名爲大
病而諸菩薩於无量劫脩菩提時給施一切
疾病醫藥常作是願願令衆生永斷如是三
障重病復次世尊菩薩摩訶薩脩菩提時施
一切[illegible]

病得成如來金剛之身又願一切无量衆生
作妙藥王斷除一切諸惡重病願諸衆生作
阿伽陁藥以是藥力能除一切无量惡毒又
願衆生於阿耨多羅三藐三菩提无有退轉
速得成就无上佛藥消除一切煩惱毒箭又
願衆生勤脩精進成就如來金剛之心作微
妙藥療治衆病不令有人生諍訟想亦願衆
生作大藥樹療治一切諸惡重病又願衆生
拔出毒箭得成如來无上光明又願衆生得
入如來智慧大藥微密法藏世尊菩薩如是
已於无量百千万億那由他劫發是誓願令
諸衆生悉无復病何緣如來乃於今日唱言
有疾復次世尊世有病人不能坐起俯仰進
止食飲不御漿水不下亦復不能教戒諸子
脩治家業尒時父母妻子兄弟親屬知識各

止食飲不御漿水不下亦復不能教戒諸子
脩治家業尒時父母妻子兄弟親屬知識各
於是人生必死想世尊如來今日亦復如是
右脅而卧无所論説此閻浮提有諸愚人當
作是念如來正覺必當涅槃生滅盡想而如
來性實不畢竟入於涅槃何以故如來常住
无變易故以是因緣不應説言我今背痛復
次世尊世有病者身體羸損若偃若側卧著
牀褥尒時家室必生惡賤起必死想如來今
者亦復如是當爲外道九十五種之所輕慢
生无常想彼諸外道當作是言不如我等以
我性人自在時節微塵等法而爲常住无有
變易沙門瞿曇无常所遷是變易法以是義
故世尊今日不應默然右脅而卧復次世尊
世有病者四大增損互不調適羸瘦乏極是

故不能隨意坐起臥息[illegible]
和適身力具足亦无羸損世尊如十小牛力
不如一大牛力十大牛力不如一青牛力十
青牛力不如一凡象力十凡象力不如一野
象力十野象力不如一二牙象力十二牙象
力不如一四牙象力十四牙象力不如雪山
一白象力十雪山白象力不如一香象力十
香象力不如一青象力十青象力不如一黃
象力十黃象力不如一赤象力十赤象力不
如一白象力十白象力不如一山象力十山
象力不如一優鉢羅象力十優鉢羅象力不
如一拘物頭象力十拘物頭象力不如一分
陁利象力十分陁利象力不如人中一力士
力十人中力士力不如一鉢揵提力十鉢揵
提力不如一八臂那羅延力十那羅延力不

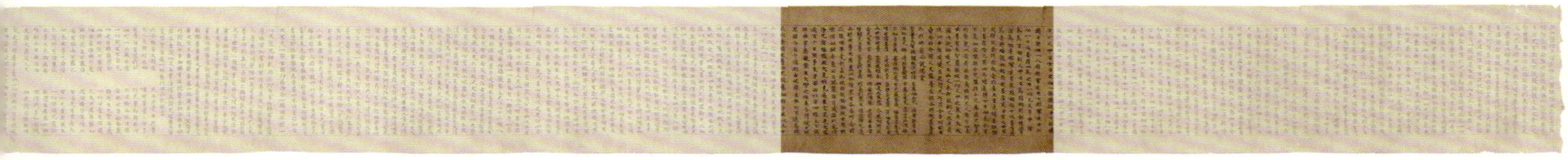

力十人中力士力不如一鉢揵提力十鉢揵
提力不如一八辟那羅延力十那羅延力不
如一十住菩薩一節之力一切凡夫身中諸
節節不相到人中力士節頭相到鉢揵提身
諸節相連那羅延身節頭相拘十住菩薩諸
節骨解蟠龍相結是故菩薩其力最大世界
成時從金剛際起金剛座上至道場菩提樹
下菩薩坐已其心即時逮得十力如來今者
不應如彼嬰孩小兒嬰孩小兒愚癡无智无
所能說以是義故隨意偃側无人譏呵如來
世尊有大智慧照明一切人中之龍具大威
德成就神通无上仙人永斷疑網已拔毒箭
進止安詳威儀具足得无所畏今者何故右
脅而卧令諸人天愁憂苦惱尒時迦葉菩薩
即於佛前而說偈言

瞿曇大聖德　[illegible]如說　不應如小兒　病者臥在床
調御天人師　倚卧雙樹間　下愚凡夫見　當言必涅槃
不知方等典　甚深佛行處　不見深密藏　猶盲不見道
唯有諸菩薩　文殊師利等　能解是甚深　譬如善射者
三世諸世尊　大悲爲根本　如是大慈悲　今爲何所在
若无大悲者　是則不名佛　佛若必涅槃　是則不名常
唯願无上尊　哀受我等請　利益於衆生　摧伏諸外道
尒時世尊大悲熏心知諸衆生各各所念將
欲隨順畢竟利益即從卧起結跏趺坐顏貌
熈怡如融金聚面目端嚴猶月盛滿形容清
淨无諸垢穢放大光明充遍虛空其光大盛
過百千日照于東方南西北方四維上下諸
佛世界惠施衆生大智之炬悉令得滅无明
黑闇令百千億那由他衆生安心不退菩提
之心尒時世尊心无疑慮如師子王以三十

黑闇冬百千億那由他[illegible]
之心余時世尊心无疑慮如師子王以三十
二大人之相八十種好莊嚴其身於其身上
一切毛孔一一毛孔出一蓮華其華微妙各
具千葉紺真金色瑠璃爲莖金剛爲鬚玫瑰
爲臺形大團圓猶如車輪是諸蓮華各出種
種雜色光明青黃赤白紫頗梨色是諸光明
皆悉遍至阿鼻地獄想地獄黑繩地獄衆合
地獄叫喚地獄大叫喚地獄焦熱地獄大焦
熱地獄是八地獄其中衆生常爲諸苦之所
逼切所謂燒煑火炙斫刺刻剥遇斯光已如
是衆苦悉滅无餘安隱清涼快樂无極是光
明中宣說如來秘密之藏言諸衆生皆有佛
性衆生聞已即便命終生人天中乃至八種
塞代乜毯阿胃呵支支乜歌呵乇乇乜誐呵

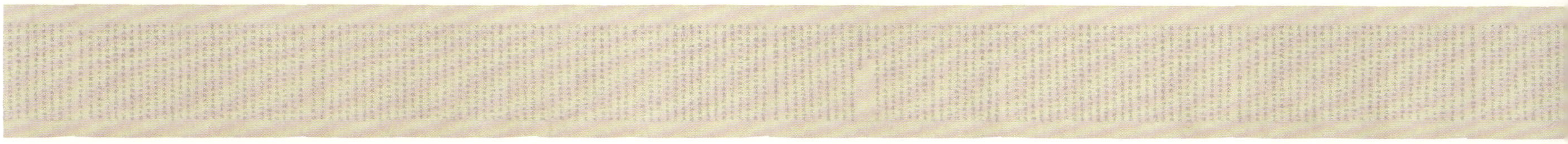

羅羅地獄阿婆婆地獄優鉢羅地獄波頭摩
地獄拘物頭地獄分陀利地獄是中衆生常
為寒苦之所逼惱所謂劈裂身體碎壞互相
殘害遇斯光已如是等苦亦滅无餘即得調
和煴燸遍身是光明中亦復宣說如來密藏
言諸衆生皆有佛性衆生聞已即便命終生
人天中尒時於此閻浮提界及餘世界所有
地獄皆悉空虛无受罪者除一闡提餓鬼衆
生飢渴所逼以髮纏身於百千歲未曾得聞
漿水之名遇斯光已飢渴即除是光明中亦
說如來微祕藏言諸衆生皆有佛性衆生
聞已即便命終生人天中令諸餓鬼亦悉空
虛除謗大乘方等正典畜生衆生互相殺害
共相殘食遇斯光已恚心悉滅是光明中亦
說如來祕密之藏言諸衆生皆有佛性衆生

共相殘食遇斯光已惡心悉滅是光明中亦
說如來祕密之藏言諸衆生皆有佛性衆生
聞已即便命終生人天中當尒之時畜生亦
盡除謗正法是一一華各有一佛圓光一尋
金色晃曜微妙端嚴最上無比三十二相八
十種好莊嚴其身是諸世尊或有坐者或有
行者或有卧者或有住者或震雷者或澍雨
者或施電光或復放風或出烟炎身如大聚
或有示現七寶諸山池泉河水山林樹木或
復示現七寶國土城邑聚落宮殿室宅或復
示現象馬師子虎狼孔雀鳳凰諸鳥或復示
現令閻浮提所有衆生悉見地獄畜生餓鬼
或復示現欲界六天復有世尊或說陰界諸
入多諸過患或復有說四聖諦法或復有說
諸法因緣或復有說者業煩惱皆因緣生或

復有説有與无有或復有説世諦二諦或復
有説常无常等或復有説淨與不淨復有世
尊爲諸菩薩演説所行六波羅蜜或復有説
諸大菩薩所得功徳或復有説諸佛世尊所
得功徳或復有説聲聞之人所得功徳或復
有説隨順一乘或復有説三乘成道或有世
尊左脇出水右脇出火或有示現初生出家
坐於道場菩提樹下轉妙法輪入乎涅槃或
有世尊作師子吼我此會中有得一果二果
三果至第四果或復有説出離生死无量因
縁尒時於此閻浮提中所有衆生遇斯光已
盲者見色聾者聽聲瘂者能言拘躄能行貧
者得財慳者能施恚者慈心不信者信如是
世界无一衆生脩行惡法除一闡提尒時一

世界无一衆生脩行悪法除一闡提尒時一
切天龍鬼神乾闥婆阿脩羅迦樓羅緊那羅
摩睺羅伽羅刹揵陁憂摩陁阿婆魔羅人非
人等悉共同聲唱如是言善哉善哉无上天
尊多所利益說是語已踊躍歡喜或歌或儛
或身動轉以種種華散佛及僧所謂天優鉢
羅華拘物頭華波頭摩華分陁利華曼陁羅
華摩訶曼陁羅華曼殊沙華摩訶曼殊沙
華散陁那華摩訶散陁那華盧脂那華摩訶盧
脂那華香華大香華適意華大適意華愛見
華大愛見華端嚴華苐一端嚴華復散諸香
所謂沉水多伽樓香旃檀鬱金和合雜香海
岸聚香復以天上寶幢幡蓋諸天伎樂箏笛
笙瑟箜篌鼓吹供養於佛而說偈言
我今稽首大精進　无上正覺兩足尊

我今亦我所不知　唯不思[illegible]

世尊往昔爲我故　於无量劫脩苦行

如何一旦放本誓　而便捨命欲涅槃

一切衆生不能見　諸佛世尊祕密藏

以是因緣難得出　輪轉生死墮惡道

如佛所說阿羅漢　一切皆當至涅槃

如是甚深佛行處　凡夫下愚誰能知

施諸衆生甘露法　爲欲斷除其煩惱

若有服此甘露已　不復受生老病死

如來世尊已療治　百千无量諸衆生

令其所有諸重病　一切消滅无遺餘

世尊久已捨病苦　故得名爲第七佛

唯願今日雨法雨　潤漬我等功德種

是諸大衆及人天　如是請已默然住

說是偈時蓮華臺中一切諸佛從閻浮提遍

說是偈時蓮華臺中一切諸佛從閻浮提遍
至淨居悉皆聞之尒時佛告迦葉菩薩善哉
善哉善男子汝已具足如是甚深微妙智慧
不為一切諸魔外道之所破壞善男子汝已
安住不為一切諸耶惡風之所傾動善男子
汝今成就樂說辯才已曾供養過去无量恒
河沙等諸佛世尊是故能問如來正覺如是
之義善男子我於往昔无量无邊億那由他
百千万劫已除病根永離猗卧迦葉過去无
量阿僧祇劫有佛出世号无上勝如來應正
遍知明行足善逝世間解无上士調御丈夫
天人師佛世尊為諸聲聞說是大乘大涅槃
經開示分別顯發其義我於尒時亦為彼佛
而作聲聞受持如是大涅槃典讀誦通利書
寫經卷廣為他人開示分別解說其義又是

善根迴向阿耨多羅三藐三菩提
從是來未曾為惡煩惱業緣墮於惡道誹謗
正法作一闡提受黃門身无根二根反逆父
母殺阿羅漢破塔壞僧出佛身血犯四重禁
從是已來身心安隱无諸苦惱迦葉我今實
无一切疾病所以者何諸佛世尊久已遠離
一切病故迦葉是諸衆生不知大乘方等密
語便謂如來真實有疾迦葉如言如來人中
師子而如來者實非師子如是之言即是如
來秘密之教迦葉如言如來人中大龍而我
已於无量劫中捨離是業迦葉如言如來是
人是天而我真實非人非天亦非鬼神乾闥
婆阿脩羅迦樓羅緊那羅摩睺羅伽非我非
命非可養育非人士夫非作非不作非受非

命非可養育非人士夫非作非不作非受非
不受非世尊非聲聞非說非不說如是等語
皆是如来秘密之教迦葉如言如来猶如大
海須弥山王而如来者實非鹹味同於石山
當知是語亦是如来秘密之教迦葉如言如
来如分陁利而我實非分陁利也如是之言
即是如来秘密之教迦葉如言如来猶如父
毋而如来者實非父毋如是之言亦是如来
秘密之教迦葉如言如来是大舩師而如来
者實非舩師如是之言亦是如来秘密之教
迦葉如言如来猶如商主而如来者實非商
主如是之言亦是如来秘密之教迦葉如言
如来能摧伏魔而如来者實无惡心欲令他
伏如是之言皆是如来秘密之教迦葉如言
如来能治癰瘡而我實作治癰師如是之言

言亦如是祕密之教迦葉如我先說者不
善男子善女人善能脩治身口意業捨命之
時雖有親族取其屍骸或以火燒或投大水
或棄冢間狐狼禽獸競共食噉然心意識即
生善道而是心法實无去來亦无所至直是
前後相似相續相貌不異如是之言即是如
來祕密之教迦葉我今言病亦復如是亦是
如來祕密之教是故顧命文殊師利吾今背
痛汝等當為四衆說法迦葉如來正覺實无
有病右脅而臥亦不畢竟入於涅槃迦葉是
大涅槃即是諸佛甚深禪定如是禪定非是
聲聞緣覺行處迦葉汝先所問如來何故倚
臥不起不索飲食不勑家屬脩治產業迦葉
虛空之性亦无起坐求索飲食勑戒家屬脩
治產業亦无去來生滅老壯出沒傷破解脫

治産業亦无去来生滅老壯出沒傷破解脫
繫縛亦不自說亦不說他亦不自解亦不解他
非安非病善男子諸佛世尊亦復如是猶
如虛空云何當有諸病苦耶迦葉世有三人
其病難治一謗大乘二五逆罪三一闡提如
是三病世中極重悉非聲聞緣覺菩薩之所
能治善男子譬如有病必死難治若有瞻病
隨意醫藥若无瞻病隨意醫藥如是之病定
不可治當知是人必死不疑善男子是三種人
亦復如是若有聲聞緣覺菩薩或有說法
或不說法不能令其發阿耨多羅三藐三菩
提心迦葉譬如病人若有瞻病隨意醫藥則
可令差若无此三則不可差聲聞緣覺亦復
如是從佛菩薩得聞法已即能發於阿耨多

譬如病人[illegible]
意醫藥皆悉可差有一種人亦復如是或值
聲聞不值聲聞或值緣覺不值緣覺或值菩
薩不值菩薩或值如來不值如來或得聞法
或不聞法自然得成阿耨多羅三藐三菩提
所謂有人或為自身或為他身或為怖畏或
為利養或為諂諛或為誑他書寫如是大涅
槃經受持讀誦供養恭敬為他說者迦葉有
五種人於是大乘大涅槃典有病行處非如
來也何等為五一斷三結得須陀洹果不墮
地獄畜生餓鬼人天七返永斷諸苦入於涅
槃迦葉是名一人有病行處是人來來過八
万劫便當得成阿耨多羅三藐三菩提迦葉
第二人者斷三結薄貪恚癡得斯陀含果一
往來永斷諸苦入於涅槃迦葉是名第二人

往來永斷諸苦入於涅槃迦葉是名第二人
有病行處是人未來過六万劫便當得成阿
耨多羅三藐三菩提迦葉第三人者斷五下
結得阿那含果更不來此永斷諸苦入於涅
槃是名第三人有病行處是人未來過四万
劫便當得成阿耨多羅三藐三菩提迦葉第
四人者永斷貪欲瞋恚愚癡得阿羅漢果煩
惱无餘入於涅槃亦非麒麟獨一之行是名
第四人有病行處是人未來過二万劫便當
得成阿耨多羅三藐三菩提迦葉第五人者
永斷貪欲瞋恚癡得辟支佛道煩惱无餘
入於涅槃真是麒麟獨一之行是名第五人
有病行處是人未來過十千劫便當得成阿
耨多羅三藐三菩提迦葉是名第五人有病
行處非如來也

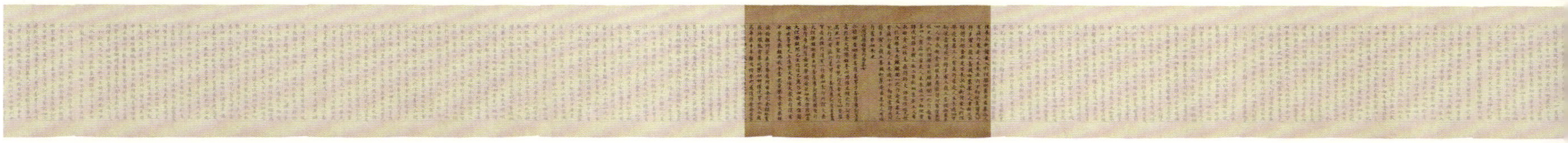

大般涅槃經聖行品第七

尒時佛告迦葉菩薩善男子菩薩摩訶薩應
當於是大涅槃經專心思惟五種之行何等
爲五一者聖行二者梵行三者天行四者嬰
兒行五者病行善男子菩薩摩訶薩常當脩
習是五種行復有一行是如來行所謂大乘
大涅槃經迦葉云何菩薩摩訶薩所脩聖行
菩薩摩訶薩若從聲聞若從如來得聞如是
大涅槃經聞已生信信已應作如是思惟諸
佛世尊有无上道有大正法大衆正行復有
方等大乘經典我今當爲愛樂貪求大乘經
故捨離所愛妻子眷屬所居舍宅金銀珎寶
微妙瓔珞香華伎樂奴婢僕使男女大小象
馬車乘牛羊雞犬猪豕之屬復作是念居家

馬車乘牛羊雞犬猪豕之屬復作是念居家
迫迮猶如牢獄一切煩惱由之而生出家寬
曠猶如虗空一切善法因之增長若在家居
不得盡壽淨脩梵行我今應當剃除鬚髮出
家學道作是念已我今定當出家脩學无上
正真菩提之道菩薩如是欲出家時天魔波
旬生大苦惱言是菩薩復當與我興大戰諍
善男子如是菩薩何處當復與人戰諍是時
菩薩即至僧坊若見如來及佛弟子威儀具
足諸根寂靜其心柔和清淨寂滅即至其所
而求出家剃除鬚髮服三法衣既出家已奉
持禁戒威儀不缺進止安詳无所觸犯乃至
小罪心生怖畏護戒之心猶如金剛善男子
譬如有人帶持浮囊欲度大海尒時海中有
一羅刹即從其人乞索浮囊其人聞已即

是念我今若與必定沒死答言羅刹汝寧殺我
浮囊叵得羅刹復言汝若不能全與我者
見惠其半是人猶故不肯與之羅刹復言汝
若不能惠我半者幸願與我三分之一是人
不肯羅刹復言若不能者當施手許是人不
肯羅刹復言汝今若復不能與我如手許者
我今飢窮衆苦所逼願當濟我如微塵許是
人復言汝今所索誠復不多然我今日方當
度海不知前途近遠如何若與汝者氣當漸
出大海之難何由得過脫能中路没水而死
善男子菩薩摩訶薩護持禁戒亦復如是如
彼度人護惜浮囊菩薩如是護戒之時常有
煩惱諸惡羅刹語菩薩言汝當信我終不相
欺但破四禁護持餘戒以是因緣令汝安隱
得入涅槃菩薩尒時應作是言我今寧持如

得入涅槃菩薩尒時應作是言我今寧持如
是禁戒墮阿鼻獄終不毀犯而生天上煩惱
羅剎復作是言卿若不能破四禁者可破僧
殘以是因緣令汝安隱得入涅槃菩薩亦應
不隨其語羅剎復言卿若不能犯僧殘者亦
可故犯偷蘭遮羅以是因緣令汝安隱得入
涅槃菩薩尒時亦復不隨羅剎復言卿若不
能犯偷蘭遮可犯捨墮以是因緣可得安隱
入於涅槃菩薩尒時亦不隨之羅剎復言卿
若不能犯捨墮者可波夜提以是因緣令
汝安隱得入涅槃菩薩尒時亦不隨之羅剎
復言若不能犯波夜提者幸可毀破突吉羅
戒以是因緣可得安隱入於涅槃菩薩尒時
心自念言我今若犯突吉羅罪不發露者則

[illegible]
摩訶薩持四重禁及突吉羅敬重堅固等无
差別菩薩若能如是堅持則爲具足五枝諸
戒所謂具足菩薩根本業清淨戒前後眷屬
餘清淨戒非諸惡覺覺清淨戒護持正念念
清淨戒迴向阿耨多羅三藐三菩提戒迦葉
是菩薩摩訶薩復有二種戒一者受世教戒
二者得正法戒菩薩若受正法戒者終不爲
惡受世教戒者白四羯磨然後乃得復次善
男子有二種戒一者性重戒二者息世譏嫌
戒性重戒者謂四禁也息世譏嫌者不作販
賣輕稱小斗欺誑於人因他形勢取人財物
害心繋縛破壞成功然明而卧田宅種殖家
業坐肆不畜馬車乘牛羊駝驢雞犬獼猴
孔雀鸚鵡共命及拘枳羅豺狼虎豹猫狸猪

葉坐肆不爲馬車乘牛羊駝驢鷄犬獼猴
孔雀鸚鵡共命及拘枳羅豺狼虎豹猫狸猪
豕及餘惡獸童男童女大男大女奴婢僮僕
金銀瑠璃頗梨真珠車璖馬瑙珊瑚璧玉珂
貝諸寶赤銅白鑞鍮石盂器氍氀毹㲪拘執
毲衣一切穀米大小麥豆床粟稻麻生熟食
具常受一食不曾再食若行乞食及僧中食
常知足不受別請不食肉不飲酒五辛能
薰悉不食之是故其身无有臭處常爲諸天
一切世人恭敬供養尊重讚歎足而食終
不長受所受衣服裁足覆身進止常與三衣
鉢俱終不捨離如鳥二翼不畜根子莖子節
子蓬子子不畜寶藏若金若銀飲食廚庫
衣裳服餝高廣大牀爲牙金牀雜色編織悉不

二枕亦不受畜妙好舟枕安置木枕終不觀
者爲鬪馬鬪車鬪兵鬪男鬪女鬪牛鬪羊鬪
水牛雞雉鸚鵡等鬪亦不故往觀看軍陣不
應故聽吹貝鼓角琴瑟箏笛箜篌歌叫伎樂
之聲除供養佛摴蒲圍碁波羅塞戲師子象
鬪彈碁六博拍毱擲石投壺牽道八道行成
一切戲笑悉不觀作終不占相手脚面目不
以爪鏡芝草楊枝鉢盂髑髏而作卜筮亦不
仰觀虛空星宿除欲解眠不作王家往反使
命以此語彼以彼語此終不諛諂耶命自活
亦不宣說王臣盜賊鬪諍飲食國土飢饉恐
怖豐樂安隱之事善男子是名菩薩摩訶薩
息世譏嫌戒善男子菩薩摩訶薩堅持如是

怖豐樂安隱之事善男子是名菩薩摩訶薩
息世譏嫌戒善男子菩薩摩訶薩堅持如是
遮制之戒與性重戒等无差別善男子菩薩
摩訶薩受持如是諸禁戒已作是願言寧以
此身投於熾然猛火深坑終不毀犯過去未
來現在諸佛所制禁戒與刹利女婆羅門女
居士女而行不淨復次善男子菩薩摩訶薩
復作是願寧以熱鐵周匝纏身終不敢以破
戒之身受於信心檀越衣服復次善男子菩
薩摩訶薩復作是願寧以此口吞熱鐵丸終
不敢以毀戒之口食於信心檀越飲食復次
善男子菩薩摩訶薩復作是願寧卧此身大
熱地上終不敢以破戒之身受於信心檀越
床卧敷具復次善男子菩薩摩訶薩復作是
願寧以身受三百鉾終不敢以毀戒之身

受於信心檀越飲食復次善男子菩薩摩訶
薩復作是願寧以此身投熱鐵鑊終不敢以
破戒之身受信心檀越房舍屋宅復次善男
子菩薩摩訶薩復作是願寧以鐵椎打碎此
身從頭至足令如微塵不以破戒受諸刹利
婆羅門居士恭敬礼拜復次善男子菩薩摩
訶薩復作是願寧以熱鐵挑其兩目不以染
心視他好色復次善男子菩薩摩訶薩復作
是願寧以鐵錐遍身攙刺不以染心聽好音
聲復次善男子菩薩摩訶薩復作是願寧以
利刀割去其鼻不以染心貪嗅諸香復次善
男子菩薩摩訶薩復作是願寧以利刀割截
其舌不以染心貪著美味復次善男子菩薩
摩訶薩復作是願寧以利斧斬斫其身不以
染心貪著諸觸何以故以是因緣能令行者

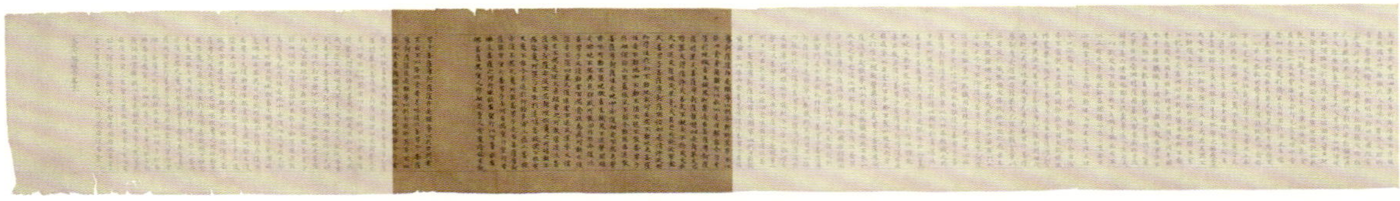

摩訶薩復作是願寧以利斧斬斫其身不以
染心貪著諸觸何以故以是因緣能令行者
墮於地獄畜生餓鬼迦葉是名菩薩摩訶薩
護持禁戒菩薩摩訶薩護持如是諸禁戒已
持禁戒得清淨戒善戒不缺戒不折戒大乘
戒不退戒隨順戒畢竟戒具足成就波羅蜜
戒善男子菩薩摩訶薩脩治如是清淨戒時
即得住於初不動地云何名為不動地也菩薩
住是不動地中不動不墮不退不散善男子
譬如須弥山隨藍猛風不能令動墮落退散
菩薩摩訶薩住是地中亦復如是不為色聲
香味所動不墮地獄畜生餓鬼不退聲聞辟
支佛地不為異見邪風所散而作邪命復次
善男子又復動者不為貪欲恚癡所動又復
[illegible]

薩摩訶薩亦復不為諸煩惱魔之所傾動不
為陰魔所墮乃至坐於道場菩提樹下雖有
天魔不能令其退於阿耨多羅三藐三菩提
亦復不為死魔所殺善男子是名菩薩摩訶
薩脩習聖行善男子云何名為聖行聖行者
佛及菩薩之所行故故名聖行以何等故名
佛菩薩為聖人耶如是等人有聖法故常觀

男子菩薩摩訶薩復作是願寧以利刀割截
其舌不以染心貪著美味復次善男子菩薩
摩訶薩復作是願寧以利斧斬斫其身不以
染心貪著諸觸何以故以是因緣能令行者

摩訶薩復作是願寧以利斧斬斫其身不以
染心貪著諸觸何以故以是因緣能令行者
墮於地獄畜生餓鬼迦葉是名菩薩摩訶薩
護持禁戒菩薩摩訶薩護持如是諸禁戒已
悉以施與一切衆生以是因緣願令衆生護
持禁戒得清淨戒善戒不缺戒不析戒大乘
戒不退戒隨順戒畢竟戒具足成就波羅蜜
戒善男子菩薩摩訶薩脩治如是清淨戒時
即得住於初不動地云何名爲不動地也菩薩
住是不動地中不動不墮不退不散善男子
譬如須弥山隨藍猛風不能令動墮落退散
菩薩摩訶薩住是地中亦復如是不爲色聲
香味所動不隨地獄畜生餓鬼不退聲聞辟
支佛地不爲異見邪風所散而作邪命復次

墮者不墮此重文誦退者不退[illegible]
散者不爲違逆大乘經者之所散壞復次善
薩摩訶薩亦復不爲諸煩惱魔之所傾動不
爲陰魔所墮乃至坐於道場菩提樹下雖有
天魔不能令其退於阿耨多羅三藐三菩提
亦復不爲死魔所散善男子是名菩薩摩訶
薩脩習聖行善男子云何名爲聖行聖行者
佛及菩薩之所行故故名聖行以何等故名
佛菩薩爲聖人耶如是等人有聖法故常觀
諸法性空寂故以是義故故名聖人有聖戒
故復名聖人有聖定慧故故名聖人有七聖
財所謂信戒慚愧多聞智慧捨離故名聖人
有七聖覺故名聖人以是義故復名聖人

大般涅槃經卷第十一

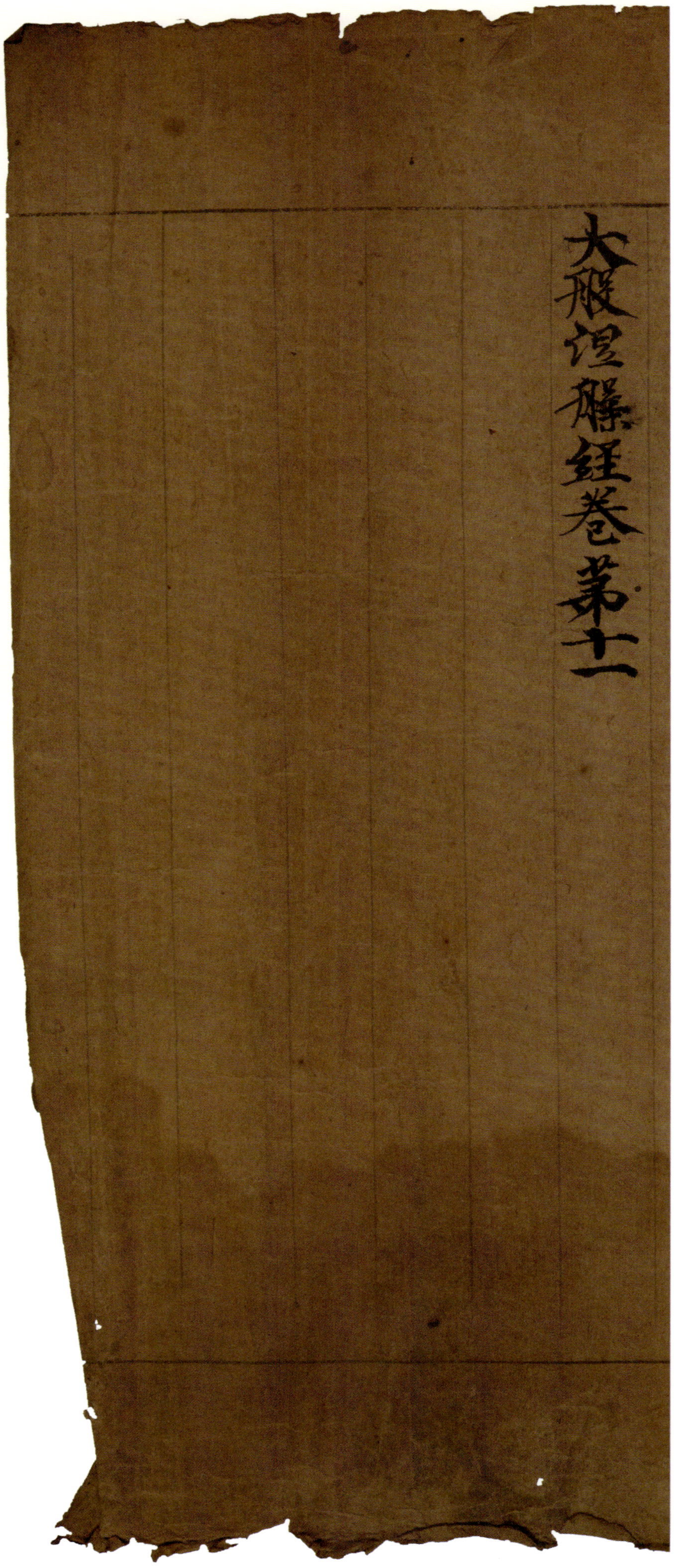

BD00749　大般涅槃經卷一一　（17-17）

BD00750 無量壽宗要經（甲本）

138.5cm × 32cm

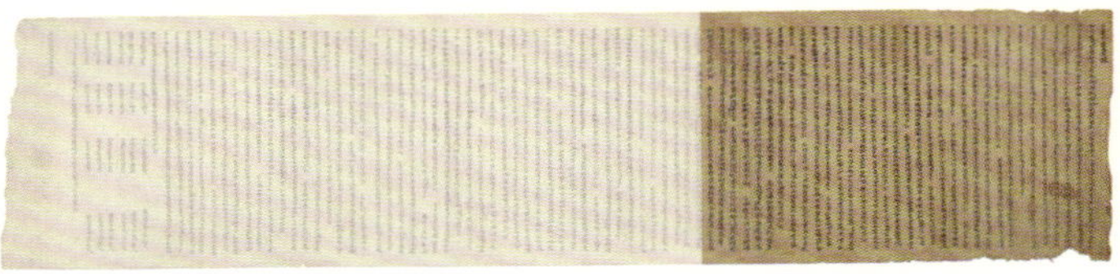

大乘无量壽經

如是我聞一時薄伽梵在舍衛國祇樹給孤獨園與大苾蒭僧千二百五十人大菩薩摩訶薩衆俱同會坐尒
時世尊告曼殊室利童子曼殊上方有世界名无量功德聚彼土有佛号无量智決定王如來阿耨多
羅三藐三菩提現為衆生開示說法曼殊諦聽南閻浮提人皆短受大限百年於中殊枉橫死者曼殊如是受持讀誦
无量壽如來功德名稱法要若有衆生得聞名号若自書或使人書能為經卷受持讀誦若於舍宅所住之處以種種花
鬘瓔珞塗香末香而為供養如其命盡復得延年滿足百歲如是曼殊若有衆生得聞是无量壽智決定王如來一百八号者
益其長受若有衆生大命將盡憶念是如來名号更得增受如是曼殊若有善男子善女人欲求長受於是无量
壽如來一百八名号有得聞者或自書若使人書受持讀誦得如是等果報福得具足陀羅尼曰
南无薄伽勃底阿波唎蜜多阿喻紇硯娜須毗你悉指陀囉佐耶怛他羯他耶怛姪他奄薩婆桑悉迦囉波唎輸底達磨底伽
迦娜莎訶某持迦底薩婆婆毗輸底摩訶娜耶波唎波唎莎訶　世尊復告曼殊室利如是如來一百八名号
若有自書或使人書為經卷受持讀誦如受命盡復滿百年受終此身後得往生无量福智世界无量
壽淨土陀羅尼曰　南无薄伽勃底阿波唎蜜多阿喻紇硯娜須毗你悉指陀囉佐耶怛他羯他耶怛姪他奄薩婆
桑悉迦囉波唎輸底達磨底伽迦娜莎訶某持迦底薩婆婆毗輸底摩訶娜耶波唎波唎莎訶　尒時有九十九姟
佛等一時同聲說是无量壽宗要經陀羅尼曰　南无薄伽勃底阿波唎蜜多阿喻紇硯娜須毗你悉指陀囉佐耶
怛他羯他耶怛姪他奄薩婆桑悉迦囉波唎輸底達磨底迦伽娜莎訶某持迦底薩婆婆毗輸底摩訶娜耶波
唎波唎莎訶　尒時復有一百四姟佛一時同聲說是无量壽宗要經陀羅尼曰　南无薄伽勃底阿波唎蜜多

南无薄伽勃底阿波唎蜜多阿喻紇硯娜須毗你悉指陁囉佉耶怛他羯他耶怛姪他唵薩婆桒悉迦囉波
唎輸底達磨底伽迦娜莎訶某持迦底薩婆婆毗輸底摩訶娜耶波唎波唎莎訶 尒時復有六十五姟佛一時同
聲說是无量壽宗要經陁羅尼曰 南无薄伽勃底阿波唎蜜多阿喻紇硯須毗你悉指陁囉佉耶怛他羯他耶怛
姪他唵薩婆桒悉迦囉波唎輸底達磨底伽迦娜莎訶某持迦底薩婆婆毗輸底摩訶娜耶波唎波唎莎訶
尒時復有五十五姟佛一時同聲說是无量壽宗要經陁羅尼曰 南无薄伽勃底阿波唎蜜多阿喻紇硯娜須毗你悉指
陁囉佉耶怛他羯他耶怛姪他唵薩婆桒悉迦囉波唎輸底達磨底伽迦娜莎訶某持迦底薩婆婆毗輸底摩訶
娜耶波唎波唎莎訶 尒時復有四十五姟佛一時同聲說是无量壽宗要經陁羅尼曰 南无薄伽勃底阿波唎蜜
多阿喻紇硯娜須毗你悉指陁囉佉耶怛他羯他耶怛姪他唵薩婆桒悉迦囉波唎輸底達磨底伽迦娜莎訶
某持迦底薩婆婆毗輸底摩訶娜耶波唎波唎莎訶 尒時復有三十六姟佛一時同聲說是无量壽宗要經
陁羅尼曰 南无薄伽勃底阿波唎蜜多阿喻紇硯娜須毗你悉指陁囉佉耶怛他羯他耶怛姪他唵薩婆
桒悉迦囉波唎輸底達磨底伽迦娜莎訶某持迦底薩婆婆毗輸底摩訶娜耶波唎波唎莎訶
尒時復有二十五姟佛一時同聲說是无量壽宗要經陁羅尼曰 南无薄伽勃底阿波唎蜜多
阿喻紇硯娜須毗你悉指陁囉佉耶怛他羯他耶怛姪他唵薩婆桒悉迦囉波唎輸底達磨底
伽迦娜莎訶某持迦底薩婆婆毗輸底摩訶娜耶波唎婆唎莎訶 尒時復有恒河沙姟佛
一時同聲說是无量壽宗要經陁羅尼曰 南无薄伽勃底阿波唎蜜多阿喻紇硯娜須毗你悉指陁
囉佉耶怛他羯他耶怛姪他唵薩婆桒悉迦囉波唎輸底達磨底伽迦娜莎訶某持迦底薩婆婆毗輸底摩
訶娜耶波唎波唎莎訶 善男子若有自書寫教人書寫是无量壽宗要經如其命盡復得長受而滿

BD00750 無量壽宗要經（甲本）

訶娜耶波唎波唎莎訶　善男子若有自書寫教人書寫是无量壽宗要經如其命盡復得長受而滿
百年陁羅尼曰　南无薄伽勃底阿波唎蜜多阿瑜紇硯鄉須毗你悉指陁羅佐耶怛他羯他耶怛姪他唵薩
婆桑悉迦羅波唎輸底達摩底伽迦娜莎訶某持迦底薩婆婆毗輸底摩訶娜耶波唎波唎莎訶
若有自書寫教人書寫是无量壽宗要經讀誦受持畢竟不墮地獄在所生得宿命智陁羅尼曰
南无薄伽勃底阿波唎蜜多阿瑜紇硯鄉須毗你悉指陁囉佐耶怛他羯他耶怛姪他唵薩婆桑悉迦羅波唎輸底
達磨底伽迦娜莎訶某持迦底薩婆婆毗輸底摩訶娜耶波唎波唎莎訶　若有自書寫教人書寫是无量
壽宗要經受持讀誦如同書寫八万四千一切經典陁羅尼曰　南无薄伽勃底阿波唎蜜多阿瑜紇硯鄉須毗你悉
指陁囉佐耶怛他羯他耶怛姪他唵薩婆桑悉迦囉波唎輸底　達磨底伽迦娜莎訶某持迦底薩婆婆毗輸底摩訶
娜耶波唎波唎莎訶　若有自書寫教人書寫是无量壽宗要經即是書寫八万四千部建立塔廟陁羅尼曰
南无薄伽勃底阿波唎蜜多阿瑜紇硯鄉須毗你悉指陁囉佐耶怛他羯他耶怛姪他唵薩婆桑悉迦囉波唎輸底
達磨底伽迦娜莎訶某持迦底薩婆婆毗輸底摩訶娜耶波唎波唎莎訶　若有自書寫教人書寫是
无量壽宗要經能消五无間等一切重罪陁羅尼曰　南无薄伽勃底阿波唎蜜多阿瑜紇硯鄉須毗你悉
指陁羅佐耶怛他羯他耶怛姪他唵薩婆桑悉迦囉波唎輸底達磨底伽迦娜莎訶某持迦底薩婆婆毗
輸底摩訶娜耶波唎波唎莎訶　若有自書寫教人書寫是无量壽宗要經受持讀誦設有重
罪猶如須弥盡能除滅陁羅尼曰　南无薄伽勃底阿波唎蜜多阿瑜紇硯鄉須毗你悉指陁羅佐耶怛他羯
他耶怛姪他唵薩婆桑悉迦羅波唎輸底達磨底伽迦娜莎訶某持迦底薩婆婆毗輸底摩訶娜耶波唎波
唎莎訶　若有自書寫教人書寫是无量壽宗要經受持讀誦若魔魔之眷屬夜叉羅剎不得其便終

若有自書教人書寫是无量壽宗要經受持讀誦當命終時有九十九姟佛現其人前蒙千佛授手能
遊一切佛剎莫於此經生於疑惑陁羅尼曰　南无薄伽勃底阿波唎蜜多阿喻紇硯娜須毗你悉指陁囉佐耶
怛他羯他耶怛姪他唵薩婆桑悉迦羅波唎輸底達磨底伽迦娜莎訶某持迦底薩婆婆毗輸底摩訶娜耶波唎波
莎訶　若有自書寫教人書寫是无量壽宗要經受持讀誦當得四天大王隨其衛護陁羅尼曰
南无薄伽勃底阿波唎蜜多阿喻紇硯娜須毗你悉指陁囉佐耶怛他羯他耶怛姪他唵薩婆桑悉迦羅波唎
輸底達磨底伽迦娜莎訶某持迦底薩婆婆毗輸底摩訶娜耶波唎波唎莎訶　若有自書寫教人書寫
是无量壽宗要經受持讀誦當得往生西方極樂世界阿弥陁佛土陁羅尼曰　南无薄伽勃底
阿波唎蜜多阿喻紇硯娜須毗你悉指陁囉佐耶怛他羯他耶怛姪他唵薩婆桑悉迦囉波唎輸底達磨底伽迦
娜莎訶某持迦底薩婆婆毗輸底摩訶娜耶波唎波唎莎訶　若有方所自書寫使人書寫是无量壽經
典之處則為是塔皆應恭敬作礼若是畜生或為鳥獸得聞是經如是等類皆當不久得成一切種智陁羅
尼曰　南无薄伽勃底阿波唎蜜多阿喻紇硯娜須毗你悉指陁囉佐耶怛他羯他耶怛姪他唵薩婆桑悉迦囉波唎輸
底達磨底伽迦娜莎訶某持迦底薩婆婆毗輸底摩訶娜耶波唎波唎莎訶　若有於是无量壽經自
書寫若使人書畢竟不受女人身陁羅尼曰　南无薄伽勃底阿波唎蜜多阿喻紇硯娜須毗你悉指
陁囉佐耶怛他羯他耶怛姪他唵薩婆桑悉迦囉波唎輸底達磨底伽迦娜莎訶某持迦底薩婆婆毗輸底摩訶
娜耶波唎波唎莎訶　若有能於是經少分能惠施者等於三千大千世界滿七寶布施陁羅尼曰
南无薄伽勃底阿波唎蜜多阿喻紇硯娜須毗你悉指陁囉佐耶怛他羯他耶怛姪他唵薩婆桑悉迦囉波唎輸底達
磨底伽迦娜莎訶某持迦底薩婆婆毗輸底摩訶娜耶波唎波唎莎訶　若有能供養是經者則是供養

BD00750　無量壽宗要經（甲本）

磨底伽迦娜莎訶　其持迦底薩婆婆毗輸底摩訶娜耶波唎波唎莎訶　若有能供養是經者則是供養
一切諸經等无有異陀羅尼曰　南无薄伽勃底阿波唎蜜多阿喻紇硯娜須毗你悉指陀囉佐耶怛他羯他耶怛姪
他唵薩婆桑悉迦羅波唎輸底達磨底伽迦娜莎訶　其持迦底薩婆婆毗輸底摩訶娜耶波唎波唎莎訶
如是毗婆尸佛尸弃佛毗舍浮佛俱留孫佛俱那含牟尼佛迦葉佛釋迦牟尼佛　若有人以七寶供養如是七佛
其福有限書寫受持是无量壽經典所有功德不可限量陀羅尼曰　南无薄伽勃底阿波唎蜜多阿喻紇硯娜須
毗你悉指陀羅佐耶怛他羯他耶怛姪他唵薩婆桑悉迦羅波唎輸底達磨底伽迦娜莎訶　其持迦底薩婆婆毗輸底摩
訶娜耶波唎波唎莎訶　若有七寶等於須弥以用布施其福上能知其限量是无量壽經典其福不可知數陀羅
尼曰　南无薄伽勃底阿波唎蜜多阿喻紇硯娜須毗你悉指陀囉佐耶怛他羯他耶怛姪他唵薩婆桑悉迦羅波唎
輸底達磨底伽迦娜莎訶　其持迦底薩婆婆毗輸底摩訶娜耶波唎波唎莎訶　如是四大海水可知滴數是无量壽
經典所生果報不可數量陀羅尼曰　南无薄伽勃底阿波唎蜜多阿喻紇硯娜須毗你悉指陀羅佐耶怛他羯他耶
怛姪他唵薩婆桑悉迦羅波唎輸底達磨底伽迦娜莎訶　其持迦底薩婆婆毗輸底摩訶娜耶波唎波唎莎訶
若有自書使人書寫是无量壽宗要經典又能讚持供養即如恭敬供養一切十方佛土如來无有別異陀羅尼曰
南无薄伽勃底阿波唎蜜多阿喻紇硯娜須毗你悉指陀羅佐耶怛他羯他耶怛姪他唵薩婆桑悉迦羅波唎輸底達磨底伽迦
娜莎訶　其持迦底薩婆婆毗輸底摩訶娜耶波唎波唎莎訶

布施力能成正覺　悟布施力人師子　布施力能聲普聞　慈悲階漸最能入
持戒力能成正覺　悟持戒力人師子　持戒力能聲普聞　慈悲階漸最能入
忍辱力能成正覺　悟忍辱力人師子　忍辱力能聲普聞　慈悲階漸最能入

禪定力能成正覺　悟禪定力人師子　禪定力聲普聞　[illegible]

智惠力能成正覺　悟智惠力人師子　智惠能聲普聞　慈悲階漸最能入

尒時如來說是經已，一切世間天人阿脩羅揵闥婆等，聞佛所說，皆大歡喜，信受奉行。

佛說无量壽宗要經

BD00751 維摩詰所説經卷中

（後秦）鳩摩羅什 譯

757cm × 26.5cm

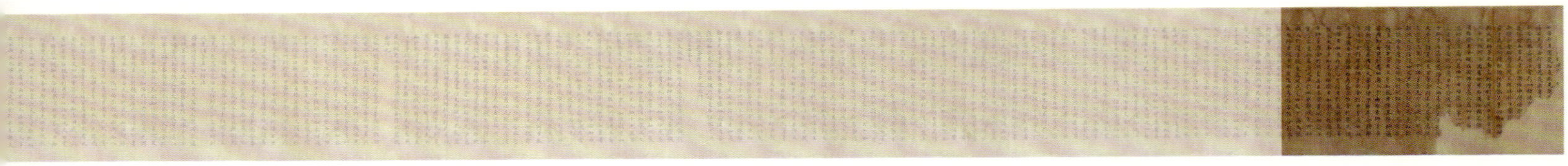

仁法
知若行見聞覺知是則見聞覺
法名无爲若行有爲是求有爲
故舍利弗若求法者於一切法應
是語時五百天子於諸法中得法眼淨
尒時長者維摩詰問文殊師利仁者遊
量千萬億阿僧祇國何等佛土有好上妙功
德成就師子之座文殊師利言居士東方度
三十六恒河沙國有世界名須弥相其佛
須弥燈王今現在彼佛身長八萬四千由
其師子座高八萬四千由旬嚴飾第一於
長者維摩詰現神通力即時彼佛遣
千師子座高廣嚴淨来入維摩詰室諸菩薩
大弟子釋梵四天王等昔所未見其室廣博

離城及閻浮提四天下亦不迫迮悉見如故
尒時維摩詰語文殊師利就師子座與諸菩
薩上人俱坐當自立身如彼坐像其得神通
菩薩即自變形為四萬二千由旬坐師子座
諸新發意菩薩及大弟子皆不能昇尒時維
摩詰語舍利弗就師子坐舍利弗言居士此
座高廣吾不能昇維摩詰言唯舍利弗為須
弥燈王如來作礼乃可得坐於是新發意菩
薩及大弟子即為須弥燈王如來作礼便得
坐師子座舍利弗言居士未曾有也如是小
室乃容受此高廣之座於毗耶離城无所妨
礙又於閻浮提聚落城邑及四天下諸天龍
王鬼神宮殿亦不迫迮維摩詰言唯舍利弗

王鬼神宫殿亦不迫迮維摩詰言唯舍利弗
諸佛菩薩有解脱名不可思議若菩薩住是
解脱者以須弥之高廣内芥子中无所增減
須弥山王本相如故而四天王忉利諸天不
覺不知己之所入唯應度者乃見須弥入芥
子中是名不可思議解脱法門又以四大海
水入一毛孔不嬈魚鼈黿鼉水性之屬而彼
大海本相如故諸龍鬼神阿脩羅等不覺不
知己之所入於此衆生亦无所嬈又舍利弗
住不可思議解脱菩薩斷取三千大千世界
如陶家輪著右掌中擲過恒河沙世界之外
其中衆生不覺不知己之所往又復還置本
處都不使人有往来想而此世界本相如故
[illegible]

或有眾生不樂久住而可度者菩薩即促一
劫以為七日令彼眾生謂之七日又舍利弗
住不可思議解脫菩薩以一切佛土嚴飾之
事集在一國示於眾生又菩薩以一佛土眾
生置之右掌飛到十方遍示一切而不動本
處又舍利弗十方眾生供養諸佛之具菩薩
於一毛孔皆令得見又十方國土所有日月
星宿於一毛孔普使見之又舍利弗十方世
界所有諸風菩薩悉能吸著口中而身无損
外諸樹木亦不摧折又十方世界劫盡燒時以
一切火內於腹中火事如故而不為害又於
下方過恒河沙等諸佛世界取一佛土舉著
上方過恒河沙无數世界如持針鋒舉一棗

上方過恒河沙无數世界如持針鋒舉一棗
葉而无所嬈又舍利弗住不可思議解脫
菩薩能以神通現作佛身或現辟支佛身或
現聲聞身或現帝釋身或現梵王身或現世
主身或現轉輪王身又十方世界所有衆聲
上中下音皆能變之令作佛聲演出无常苦
空无我之音及十方諸佛所說種種之法皆
於其中普令得聞舍利弗我今略說菩薩不
可思議解脫之力若廣說者窮劫不盡是時
大迦葉聞說菩薩不可思議解脫法門嘆未
曾有謂舍利弗譬如有人於盲者前現衆色
像非彼所見一切聲聞聞是不可思議解脫
法門不能解了爲若此世智者聞是其誰不
發阿耨多羅三藐三菩提心我等何爲永絕其

根於此大乘已如敗種一切聲聞聞是不可
思議解脫法門皆應嘷泣聲震三千大千世
界一切菩薩應大欣慶頂受此法若有菩薩
信解不可思議解脫法門者一切魔衆无如
之何大迦葉説是語時三萬二千天子皆發
阿耨多羅三藐三菩提心尒時維摩詰語大
迦葉仁者十方无量阿僧祇世界中作魔王
者多是住不可思議解脫菩薩以方便力教
化衆生現作魔王又迦葉十方无量菩薩或
有人從乞手足耳鼻頭目髓腦血肉皮骨聚
落城邑妻子奴婢象馬車乘金銀琉璃車渠
馬瑙珊瑚虎珀真珠珂貝衣服飲食如此乞
者多是住不可思議解脫菩薩以方便力而
往試之令其堅固所以者何住不可思議解

往試之令其堅固所以者何住不可思議解
脫菩薩有威德力故行逼迫示諸衆生如是
難事凡夫下劣无有力勢不能如是逼迫菩
薩譬如龍象蹴踏非驢所堪是名住不可思
議解脫菩薩智慧方便之門

觀衆生品第七

尒時文殊師利問維摩詰言菩薩云何觀於
衆生維摩詰言譬如幻師見所幻人菩薩觀
衆生爲若此如智者見水中月如鏡中見其
面像如熱時焰如呼聲響如空中雲如水聚
沫如水上泡如芭蕉堅如電久住如第五大
如第六陰如第七情如十三入如十九界菩
薩觀衆生爲若此如无色界色如燋穀牙如
須陁洹身見如阿那含入胎如阿羅漢三毒

如得忍菩薩貪恚毀禁如佛煩惱習如盲者
見色如入滅盡定出入息如空中鳥跡如石
女兒如化人煩惱如夢所見已寤如滅度者
受身如无烟之火菩薩觀衆生為若此也
文殊師利言若菩薩作是觀者云何行慈維
摩詰言菩薩作是觀已自念我當為衆生說
如斯法是則真實慈也行寂滅慈无所生故
行不熱慈无煩惱故行等之慈等三世故行
无諍慈无所起故行不二慈内外不合故行
不壞慈畢竟盡故行堅固慈心无毁故行清
淨慈諸法性淨故行无邊慈如虛空故行阿
羅漢慈破結賊故行菩薩慈安衆生故行如
来慈得如相故行佛之慈覺衆生故行自然
慈无因得故行菩提慈等一味故行无等慈

BD00751　維摩詰所説經卷中

慈无因得故行菩提慈等一味故行无等慈
斷諸愛故行大悲慈導以大乘故行无猒慈
觀空无我故行法施慈无遺惜故行持戒慈化
毀禁故行忍辱慈護彼我故行精進慈荷負
衆生故行禪定慈不受味故行智慧慈无不
知時故行方便慈一切示現故行无隱慈直
心清淨故行深心慈无雜行故行无誑慈不
虛假故行安樂慈令得佛樂故菩薩之慈爲
若此也
文殊師利又問何謂爲悲荅曰菩薩所作功
德皆與一切衆生共之何謂爲喜荅曰有所
饒益歡喜无悔何謂爲捨荅曰所作福祐无
所悕望文殊師利又問生死有畏菩薩當何

功德之力文殊師利又問菩薩欲依如來功
德之力當依何住答曰菩薩欲依如來功德
力者當住度脫一切衆生又問欲度衆生當
何所除答曰欲度衆生除其煩惱又問欲除
煩惱當何所行答曰當行正念又問云何行
於正念答曰當行不生不滅又問何法不生
何法不滅答曰不善不生善法不滅又問善
不善孰為本答曰身為本又問身孰為本答
曰貪欲為本又問貪欲孰為本答曰虛妄分
別為本又問虛妄分別孰為本答曰顛倒想
為本又問顛倒想孰為本答曰无住為本又
問无住孰為本答曰无住則无本文殊師利
從无住本立一切法
時維摩詰室有一天女見諸大人聞所說法

時維摩詰室有一天女見諸大人聞所說法
便現其身即以天華散諸菩薩大弟子上華
至諸菩薩即皆墮落至大弟子便著不墮一
切弟子神力去華不能令去尒時天問舍利
弗何故去華答曰此華不如法是以去之天
曰勿謂此華為不如法所以者何是華无所
分別仁者自生分別想耳若於佛法出家有
所分別為不如法若无所分別是則如法觀諸
菩薩華不著者以斷一切分別想故辟如人
畏時非人得其便如是弟子畏生死故色聲
香味觸得其便已離畏者一切五欲无能為
也結習未盡華著身耳結習盡者華不著也
舍利弗言天止此室其已久如答曰我止此

年解脫亦何如久舍利弗默然不答天曰如
何耆舊大智如嘿答曰解脫者无所言說故
吾於是不知所云天曰言說文字皆解脫相
所以者何解脫者不內不外不在兩閒文字
亦不內不外不在兩閒是故舍利弗无離文
字說解脫也所以者何一切諸法是解脫相
舍利弗言不復以離婬怒癡為解脫乎天曰
佛為增上慢人說離婬怒癡為解脫耳若无
增上慢者佛說婬怒癡性即是解脫舍利弗
言善哉善哉天女汝何所得以何為證辯乃
如是天曰我无得无證故辯如是所以者何
若有得有證者則於佛法為增上慢
舍利弗問天汝於三乘為何志求天曰以聲
聞法化衆生故我為聲聞以因緣法化衆生

BD00751　維摩詰所説經卷中

舍利弗問天汝於三乘爲何志求天曰以聲
聞法化衆生故我爲聲聞以因緣法化衆生
故我爲辟支佛以大悲化衆生故我爲大乘
舍利弗如人入瞻蔔林唯嗅瞻蔔不嗅餘香
如是若入此室但聞佛功德之香不樂聲聞
辟支佛功德香也舍利弗其釋梵四天王諸
天龍鬼神等入此室者聞斯上人講說正法
皆樂佛功德之香發心而出舍利弗吾止此
室十有二年初不聞說聲聞辟支佛法但聞
菩薩大慈大悲不可思議諸佛之法舍利弗
此室常現八未曾有難得之法何等爲八此
室常以金色光照晝夜无異不以日月所照
爲明是爲一未曾有難得之法此室入者不
爲諸垢之所惱也是爲二未曾有難得之法

此室常有釋梵四天王他方菩薩來會不絕
是爲三未曾有難得之法此室常說六波羅
蜜不退轉法是爲四未曾有難得之法此室
常作天人第一之樂絃出无量法化之聲是
爲五未曾有難得之法此室有四大藏衆寶
積滿周窮濟乏求得无盡是爲六未曾有難
得之法此室釋迦牟尼佛阿弥陁佛阿閦佛
寶德寶炎寶月寶嚴難勝師子響一切利
成如是等十方无量諸佛是上人念時即皆
爲來廣說諸佛秘要法藏說已還去是爲七
未曾有難得之法此室一切諸天嚴飾宮殿
諸佛淨土皆於中現是爲八未曾有難得之
法舍利弗此室常現八未曾有難得之法誰
有見斯不思議事而復樂於聲聞法乎

BD00751　維摩詰所說經卷中

法舍利弗此室常現八未曾有難得之法誰
有見斯不思議事而復樂於聲聞法乎
舍利弗言汝何以不轉女身天曰我從十二
年來求女人相了不可得當何所轉譬如幻
師化作幻女若有人問何以不轉女身是人
為正問不舍利弗言不也幻无定相當何所
轉天曰一切諸法亦復如是无有定相云何
乃問不轉女身即時天女以神通力變舍利
弗令如天女天自化身如舍利弗而問言何
以不轉女身舍利弗以天女像而荅言我今
不知何轉而變為女身天曰舍利弗若能轉
此女身則一切女人亦當能轉如舍利弗非
女而現女身一切女人亦復如是雖現女身
而非女也是故佛說一切諸法非男非女即

舍利弗女身色相今何所在舍利弗言女身
色相无在无不在天曰一切諸法亦復如是
无在无不在夫无在无不在者佛所說也舍
利弗問天汝於此沒當生何所天曰佛化所
生吾如彼生曰佛化所生非沒生也天曰衆
生猶然无沒生也舍利弗問天汝久如當得
阿耨多羅三藐三菩提天曰如舍利弗還爲
凡夫我乃當成阿耨多羅三藐三菩提舍利
弗言我作凡夫无有是處天曰我得阿耨多
羅三藐三菩提亦无是處所以者何菩提无
住處是故无有得者舍利弗言今諸佛得阿
耨多羅三藐三菩提已得當得如恒河沙皆
謂何乎天曰皆以世俗文字數故說有三世

謂何乎天曰皆以世俗文字數故說有三世
非謂菩提有去來今天曰舍利弗汝得阿羅
漢道耶曰无所得故而得天曰諸佛菩薩亦
復如是无所得故而得尒時維摩詰語舍利
弗是天女曾已供養九十二億佛已能遊戲
菩薩神通所願具足得无生忍住不退轉以
大願故隨意能現教化衆生

佛道品第八

尒時文殊師利問維摩詰言菩薩云何通達
佛道維摩詰言若菩薩行於非道是為通達
佛道又問云何菩薩行於非道答曰若菩薩
行五无間而无惱恚至于地獄无諸罪垢至
于畜生无有无明憍慢等過至于餓鬼而具

離諸染著示行瞋恚於諸衆生无有恚閡示
行愚癡而以智慧調伏其心示行慳貪而捨
內外所有不惜身命示行毀禁而安住淨戒
乃至小罪猶懷大懼示行瞋恚而常慈忍示
行懈怠而勤修功德示行亂意而常念定示
行愚癡而通達世間出世間慧示行諂偽而
善方便隨諸經義示行憍慢而於衆生猶如
橋梁示行諸煩惱而心常清淨示入於魔而
順佛智慧不隨他教示入聲聞而為衆生說
未聞法示入辟支佛而成就大悲教化衆生
示入貧窮而有寶手功德无盡示入刑殘而
具諸相好以自莊嚴示入下賤而生佛種姓
中具諸功德示入羸劣醜陋而得那羅延身
一切衆生之所樂見示入老病而永斷病根

一切衆生之所樂見示入老病而永斷病根
超越死畏示有資生而恒觀无常實无所貪
示有妻妾婇女而常遠離五欲淤泥現於訥
鈍而成就辯才捴持无失示入邪濟而以正
濟度諸衆生現遍入諸道而斷其因緣現於
涅槃而不斷生死文殊師利菩薩能如是行
於非道是爲通達佛道
於是維摩詰問文殊師利何等爲如来種文
殊師利言有身爲種无明有愛爲種貪恚癡
爲種四顛倒爲種五蓋爲種六入爲種七識
處爲種八邪法爲種九惱處爲種十不善道
爲種以要言之六十二見及一切煩惱皆是
佛種曰何謂也荅曰若見无爲入正位者不
能復發阿耨多羅三藐三菩提心譬如高原

无為法入正位者終不復能生於佛法煩惱
泥中乃有衆生起佛法耳又如植種於空終
不得生糞壤之地乃能滋茂如是入无為正
位者不生佛法起於我見如須弥山猶能發
于阿耨多羅三藐三菩提心生佛法矣是故
當知一切煩惱為如來種譬如不下巨海不
能得无價寶珠如是不入煩惱大海則不能
得一切智寶
尒時大迦葉歎言善哉善哉文殊師利快說
此語誠如所言塵勞之疇為如來種我等今
者不復堪任發阿耨多羅三藐三菩提心乃
至五无間罪猶能發意生於佛法而今我等
永不能發譬如根敗之士其於五欲不能復

BD00751　維摩詰所説經卷中

永不能發辟如根敗之士其於五欲不能復
利如是聲聞諸結斷者於佛法中无所復益
永不志願是故文殊師利凡夫於佛法有反
覆而聲聞无也所以者何凡夫聞佛法能起
无上道心不斷三寶正使聲聞終身聞佛法
力无畏等永不能發无上道意尒時會中有
菩薩名普現色身問維摩詰言居士父母妻
子親戚眷屬吏民知識悉為是誰奴婢僮僕
象馬車乘皆何所在於是維摩詰以偈荅曰
智度菩薩母　方便以為父　一切衆導師　无不由是生
法喜以為妻　慈悲心為女　善心誠實男　畢竟空寂舍
弟子衆塵勞　随意之所轉　道品善知識　由是成正覺
諸度法等侶　四攝為伎女　歌詠誦法言　以此為音樂
總持之園苑 [illegible]

八解之浴池　定水湛然滿　布以七淨華　浴此无垢人
象馬五通馳　大乘以為車　調御以一心　遊於八正路
相具以嚴容　衆好飾其姿　慚愧之上服　深心為華鬘
富有七財寶　教授以滋息　如所說修行　迴向為大利
四禪為牀坐　從於淨命生　多聞增智慧　以為自覺音
甘露法之食　解脫味為漿　淨心以澡浴　戒品為塗香
摧滅煩惱賊　勇健无能踰　降伏四種魔　勝幡建道場
雖知无起滅　示彼故有生　悉現諸國土　如日无不現
供養於十方　无量億如來　諸佛及己身　无有分別想
雖知諸佛國　及與衆生空　而常修淨土　教化於群生
諸有衆生類　形聲及威儀　无畏力菩薩　一時能盡現
覺知衆魔事　而示隨其行　以善方便智　隨意皆能現
或示老病死　成就諸群生　了知如幻化　通達无有閡
或現劫燒盡　天地皆洞然　衆人有常想　照令知无常

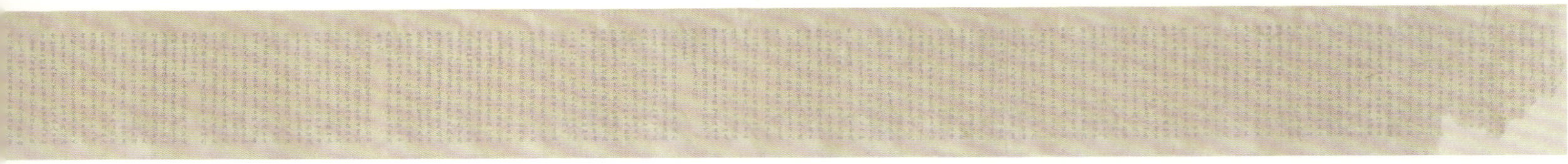

或現劫燒盡 天地皆洞然 衆人有常想 照令知无常
无數億衆生 俱來請菩薩 一時到其舍 化令向佛道
經書禁呪術 工巧諸伎藝 盡現行此事 饒益諸群生
世間衆道法 悉於中出家 因以解人惑 而不墮邪見
或作日月天 梵王世界主 或時作地水 或復作風火
劫中有疾疫 現作諸藥草 若有服之者 除疾消衆毒
劫中有飢饉 現身作飲食 先救彼飢渴 却以法語人
劫中有刀兵 爲之起慈悲 化彼諸衆生 令住无諍地
若有大戰陣 立之以等力 菩薩現威勢 降伏使和安
一切國土中 諸有地獄處 輒往到于彼 勉濟其苦惱
一切國土中 畜生相食噉 皆現生於彼 爲之作利益
示受於五欲 亦復現行禪 令魔心憒亂 不能得其便
火中生蓮華 是可謂希有 在欲而行禪 希有亦如是

諸有貧窮者 現作无盡藏 因以勸導之 令發菩提心
我心憍慢者 為現大力士 消伏諸貢高 令住佛上道
其有恐懼衆 居前而慰安 先施以无畏 後令發道心
或現離婬欲 為五通仙人 開導諸群生 令住戒忍慈
見須供事者 為現作僮僕 既悅可其意 乃發以道心
隨彼之所須 得入於佛道 以善方便力 皆能給足之
如是道无量 所行无有崖 智慧无邊際 度脫无數衆
假令一切佛 於无數億劫 讚嘆其功德 猶上不能盡
誰聞如此法 不發菩提心 除彼不肖人 癡冥无智者

入不二法門品第九

尒時維摩詰謂衆菩薩言諸仁者云何菩薩
入不二法門各隨所樂說之會中有菩薩名
法自在說言諸仁者生滅為二法本不生今

法自在説言諸仁者生滅爲二法本不生今
則无滅得此无生法忍是爲入不二法門
德首菩薩曰我我所爲二因有我故便有我
所若无有我則无我所是爲入不二法門
不眴菩薩曰受不受爲二若法不受則不可
得以不可得故无取无捨无作无行是爲入
不二法門
德頂菩薩曰垢淨爲二見垢實性則无淨相
順於滅相是爲入不二法門
善宿菩薩曰是動是念爲二不動則无念无
念即分別通達此者是爲入不二法門
善眼菩薩曰一相无相爲二若知一相即是
无相亦不取无相入於平等是爲入不二法

妙臂菩薩曰菩薩心聲聞心爲二觀心相空
如幻化者无菩薩心无聲聞心是爲入不二法
門
弗沙菩薩曰善不善爲二若不起善不善入
无相際而通達者是爲入不二法門
師子菩薩曰罪福爲二若達罪性則與福无
異以金剛慧決了此相无縛无解者是爲入
不二法門
師子意菩薩曰有漏无漏爲二若得諸法等
則不起漏不漏想不著於相亦不住无相是爲
入不二法門
淨解菩薩曰有爲无爲爲二若離一切數則
心如虛空以清淨慧无所閡者是爲入不二
法門

法門
那羅延菩薩曰世間出世間爲二世間性空
即是出世間於其中不入不出不溢不散是
爲入不二法門
善意菩薩曰生死涅槃爲二若見生死性則
无生死无縛无解不然不滅如是解者是爲
入不二法門
現見菩薩曰盡不盡爲二法若究竟盡若不
盡皆是无盡相无盡相即是空空則无有盡
不盡相如是入者是爲入不二法門
普守菩薩曰我无我爲二我尚不可得非我
何可得見我實性者不復起二是爲入不二
法門

明亦不可取離一切數於其中平等无二者
是為入不二法門
喜見菩薩曰色色空為二色則是空非色滅
空色性自空如是受想行識識空為二識即
是空非識滅空識性自空於其中而通達者
是為入不二法門
明相菩薩曰四種異空種異為二四種性即
是空種性如前際後際空故中際亦空若能
如是知諸種性者是為入不二法門
妙意菩薩曰眼色為二若知眼性於色不貪
不恚不癡是名寂滅如是耳聲鼻香舌味身
觸意法為二若知意性於法不貪不恚不癡
是名寂滅安住其中是為入不二法門
无盡意菩薩曰布施迴向一切智為二布施

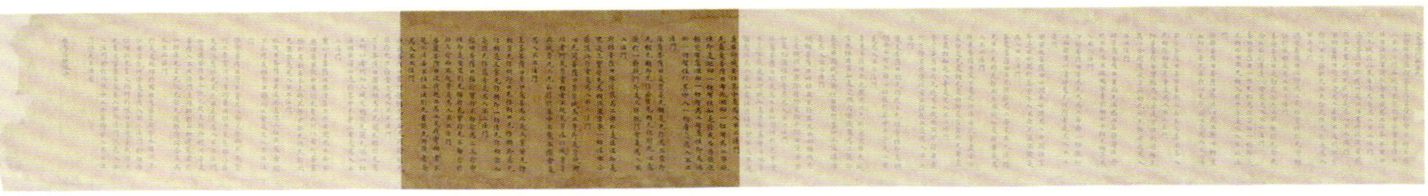

是名寂滅安住其中是爲入不二法門
无盡意菩薩曰布施迴向一切智爲二布施
性即是迴向一切智性如是持戒忍辱精進
禪定智慧迴向一切智爲二智慧性即是迴
向一切智性於其中入一相者是爲入不二
法門
深慧菩薩曰是空是无相是无作爲二空即
无相无相即无作若空无相无作則无心意
識於一解脫門即是三解脫門者是爲入不
二法門
寂根菩薩曰佛法衆爲二佛即是法法即是
衆是三寶皆无爲相與虛空等一切法亦尒
能隨此行者是爲入不二法門

以者何見身實相者不起見身及見滅身
身與滅身无二无分別於其中不驚不懼者是
為入不二法門
上善菩薩曰身口意善為二是三業皆无作
相身无作相即口无作相口无作相即意无
作相是三業无作相即一切法无作相能如
是隨无作慧者是為入不二法門
福田菩薩曰福行罪行不動行為二三行實
性即是空空則无福行无罪行无不動行於
此三行而不起者是為入不二法門
華嚴菩薩曰從我起二為二見我實相者不
起二法若不住二法則无有識无所識者是
為入不二法門
德藏菩薩曰有所得相為二若无所得則无

起二法若不住二法則无有識无所識者是
為入不二法門
德藏菩薩曰有所得相為二若无所得則无
取捨无取捨者是為入不二法門
月上菩薩曰闇與明為二无闇无明則无有
二所以者何如入滅受想定无闇无明一切
法相亦復如是於其中平等入者是為入不
二法門
寶印手菩薩曰樂涅槃不樂世間為二若不
樂涅槃不猒世間則无有二所以者何若有
縛則有解若本无縛其誰求解无縛无解則
无樂猒是為入不二法門
珠頂王菩薩曰正道邪道為二住正道者則
不分別是邪是正離此二者是為入不二法

樂實菩薩曰實不實爲二實見者尚不見實
何況非實所以者何非肉眼所見慧眼乃能
見而此慧眼无見无不見是爲入不二法門
如是諸菩薩各各說已問文殊師利何等是
菩薩入不二法門文殊師利曰如我意者於
一切法无言无說无示无識離諸問荅是爲
入不二法門
於是文殊師利問維摩詰言我等各自說已
仁者當說何等是菩薩入不二法門時維摩
詰嘿然无言文殊師利歎曰善哉善哉乃至
无有文字語言是真入不二法門說是入不
二法門時於此衆中五千菩薩皆入不二法
門得无生法忍

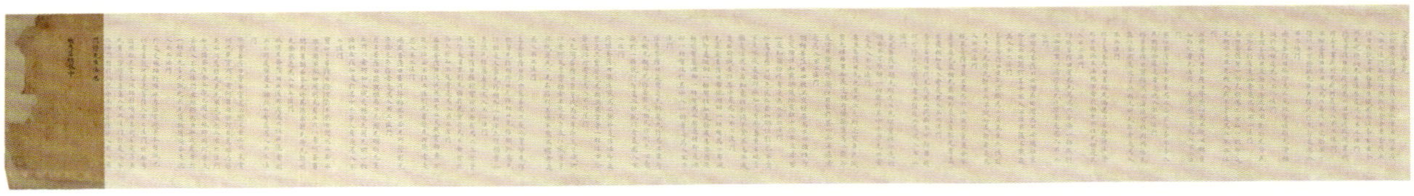

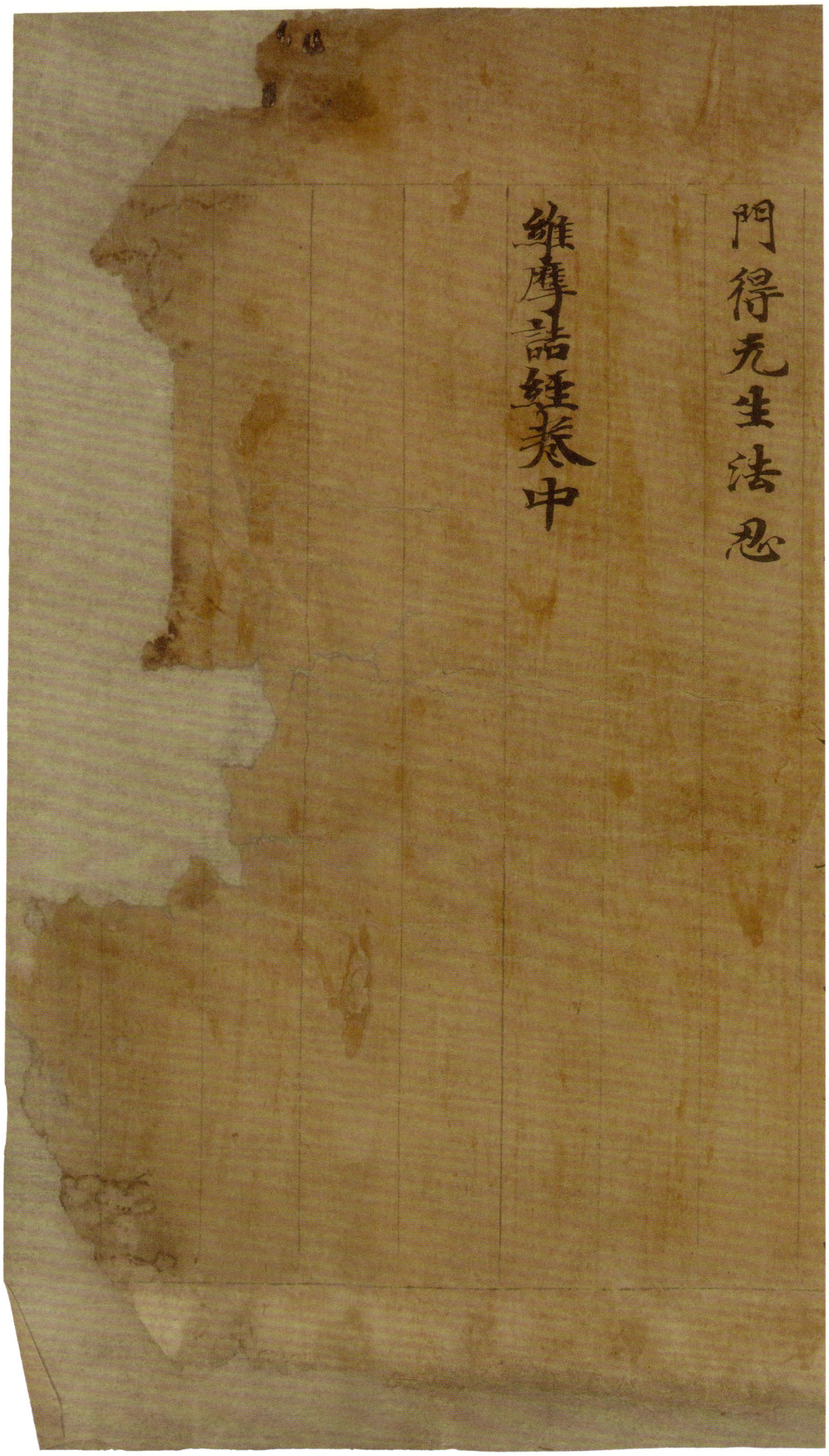
門得无生法忍
維摩詰經卷中

BD00752 大般若波羅蜜多經卷五八九

（唐）玄奘 譯

93.3cm × 25cm

大般若波羅蜜多經卷第五百八十九
第十三安忍波羅蜜多分
三藏法師玄奘奉　詔譯
如是我聞一時薄伽梵在室羅筏住誓多林
給孤獨園與大苾芻衆千二百五十人俱尒
時世尊告具壽滿慈子汝今應為欲證无上
正等菩提諸菩薩摩訶薩宣說安忍波羅蜜
多時滿慈子蒙佛教勅承佛神力便白佛言
若菩薩摩訶薩欲證无上正等菩提於他有
情種種訶罵毀謗言說應深忍受不應發起
忿恚恨心應起慈悲報彼恩德如是菩薩應
於安忍波羅蜜多深心信樂隨所發起安忍
之心迴向趣求一切智智是菩薩摩訶薩能

忍有何差別滿慈子言諸聲聞衆所脩安忍
名為少分行相所緣非極圓滿諸菩薩衆所
脩安忍名為具分行相所緣冣極圓滿謂諸
菩薩安忍无量為欲利樂无量有情被安忍
鎧作是誓言我當度脫无量有情皆令離苦
證涅槃樂是故菩薩安忍无量聲聞安忍唯
為捨弃自身煩惱非為有情是故名為少分
安忍非如菩薩摩訶薩衆安忍无量以諸菩
薩不離安忍波羅蜜多是故名為具分安忍
若於菩薩起不清淨不能含忍損害之心當
知彼人獲无量罪非於聲聞獨覺乘等是故
菩薩安忍冣勝又舍利子諸菩薩摩訶薩如
為如來應正等覺之所訶責心无忿恨如是
若為或旃荼羅或補羯娑或餘下賤諸有情

爲如來應正等覺之所訶責心无忿恨如是
若爲或旃荼羅或補羯娑或餘下賤諸有情
類訶罵謗毀亦不應起忿恚嫌恨加報之心
經剎那頃如是菩薩攝受安忍波羅蜜多疾
得圓滿不久證得一切智智如是菩薩脩學
安忍波羅蜜多漸次究竟疾證无上正等菩
提若菩薩摩訶薩如是安住攝受安忍波羅
蜜多堪受他人訶罵謗毀其心不動如妙高
山功德善根增長難壞速證无上正等菩提
普爲世間作大饒益
時舍利子復問具壽滿慈子言若菩薩摩訶
薩脩安忍時有二人來至菩薩所一善心故
以旃檀塗一惡心故以火燒身菩薩於彼應
起何心滿慈子言是菩薩摩訶薩欲證无上

[illegible]
安樂如是菩薩摩訶薩衆能行安忍波羅蜜
多能住安忍波羅蜜多若菩薩摩訶薩能行
安忍波羅蜜多能住安忍波羅蜜多是菩薩
摩訶薩能无倒行菩薩行處能无倒住菩薩
淨土如是菩薩摩訶薩衆於有情類不應發
起忿恚之心不應發起嫌恨之心不應發起
報怨之心如是菩薩摩訶薩衆於有情類安
忍圓滿稱讚圓滿柔和圓滿意樂圓滿无忿
无恨於一切處皆起慈心如是菩薩摩訶薩
衆他諸有情來至其所起怨害心欲打欲縛
毀辱訶責皆能安忍无心加報如是菩薩摩
訶薩衆他諸有情來至其所欲興鬪諍作不

BD00753 金剛般若波羅蜜經

（後秦）鳩摩羅什 譯

268.5cm×26.5cm

菩提在在處處若有此經一切世間天人阿
脩羅所應供養當知此處則為是塔皆應恭
敬作禮圍繞以諸華香而散其處
復次須菩提善男子善女人受持讀誦此經
若為人輕賤是人先世罪業應墮惡道以今
世人輕賤故先世罪業則為消滅當得阿耨
多羅三藐三菩提須菩提我念過去无量阿
僧祇劫於然燈佛前得值八百四千萬億那
由他諸佛悉皆供養承事无空過者若復有
人於後末世能受持讀誦此經所得功德於
我所供養諸佛功德百分不及一千萬億分
乃至筭數譬喻所不能及須菩提若善男子

信須菩提當知是經義不可思議果報亦不
可思議
尒時須菩提白佛言世尊善男子善女人發
阿耨多羅三藐三菩提心云何應住云何降
伏其心佛告須菩提善男子善女人發阿耨
多羅三藐三菩提者當生如是心我應滅度 預
一切衆生滅度一切衆生已而无有一切衆生
實滅度者何以故若菩薩有我相人相衆生
相壽者相則非菩薩所以者何須菩提實无
有法發阿耨多羅三藐三菩提者須菩提於
意云何如來於然燈佛所有法得阿耨多羅
三藐三菩提不不也世尊如我解佛所說義
佛於然燈佛所无有法得阿耨多羅三藐三

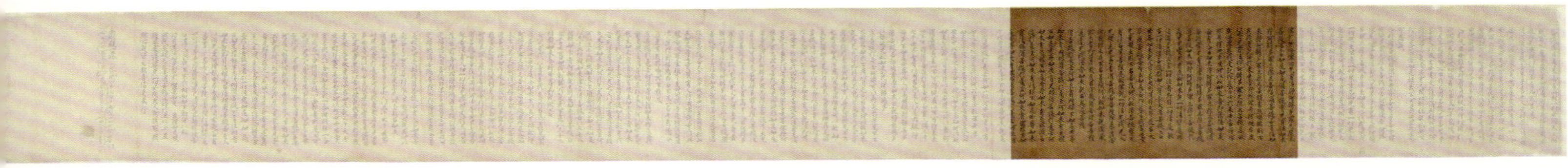

佛於然燈佛所无有法得阿耨多羅三藐三
菩提佛言如是如是須菩提實无有法如來
得阿耨多羅三藐三菩提須菩提若有法如
來得阿耨多羅三藐三菩提者然燈佛則不
與我受記汝於來世當得作佛號釋迦牟尼
以實无有法得阿耨多羅三藐三菩提是故
然燈佛與我受記作是言汝於來世當得作
佛號釋迦牟尼何以故如來者即諸法如義
若有人言如來得阿耨多羅三藐三菩提須
菩提實无有法佛得阿耨多羅三藐三菩提
須菩提如來所得阿耨多羅三藐三菩提於
是中无實无虛是故如來說一切法皆是佛
法須菩提所言一切法者即非一切法是故

世尊如來說人身長大則爲非大身是名大
身須菩提菩薩亦如是若作是言我當滅度
无量衆生則不名菩薩何以故須菩提實无
有法名爲菩薩是故佛說一切法无我无人
无衆生无壽者須菩提若菩薩作是言我當
莊嚴佛土是不名菩薩何以故如來說莊嚴
佛土者即非莊嚴是名莊嚴須菩提若菩薩
通達无我法者如來說名真是菩薩
須菩提於意云何如來有肉眼不如是世尊
如來有肉眼須菩提於意云何如來有天眼
不如是世尊如來有天眼須菩提於意云何
如來有慧眼不如是世尊如來有慧眼須菩
提於意云何如來有法眼不如是世尊如來
有法眼須菩提於意云何如來有佛眼不如
是世尊如來有佛眼須菩提於意云何恒河

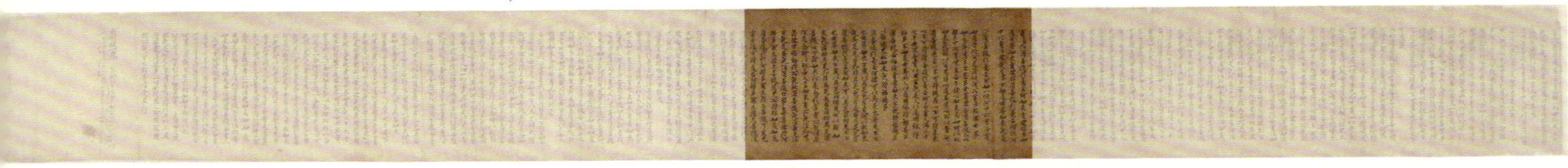

有法眼須菩提於意云何如來有佛眼不如
是世尊如來有佛眼須菩提於意云何恒河
中所有沙佛說是沙不如是世尊如來說是
沙須菩提於意云何如一恒河中所有沙有
如是等恒河是諸恒河所有沙數佛世界
如是寧為多不甚多世尊佛告須菩提爾所
國土中所有衆生若干種心如來悉知何以故
如來說諸心皆為非心是名為心所以者何
須菩提過去心不可得現在心不可得未來
心不可得須菩提於意云何若有人滿三千
大千世界七寶以用布施是人以是因緣得
福多不如是世尊此人以是因緣得福甚多
須菩提若福德有實如來不說得福德多

以福德无故如來說得福德

須菩提於意云何佛可以具足色身見不不

也世尊如來不應以具足色身見何以故如來

說具足色身即非具足色身是名具足色身

須菩提於意云何如來可以具足諸相見不不

也世尊如來不應以具足諸相見何以故如

來說諸相具足即非具足是名諸相具足須

菩提汝勿謂如來作是念我當有所說法莫

作是念何以故若人言如來有所說法即為

謗佛不能解我所說故須菩提說法者无法

可說是名說法須菩提白佛言世尊佛得阿

耨多羅三藐三菩提為无所得耶如是如是

須菩提我於阿耨多羅三藐三菩提乃至无

有少法可得是名阿耨多羅三藐三菩提復

有少法可得是名阿耨多羅三藐三菩提復
次須菩提是法平等无有高下是名阿耨多
羅三藐三菩提以无我无人无衆生无壽者
脩一切善法則得阿耨多羅三藐三菩提須
菩提所言善法者如來說非善法是名善
法須菩提若三千大千世界中所有諸須弥山
王如是等七寶聚有人持用布施若人以此
般若波羅蜜經乃至四句偈等受持讀誦為
他人說於前福德百分不及一百千萬億分
乃至筭數譬喻所不能及
須菩提於意云何汝等勿謂如來作是念我
當度衆生須菩提莫作是念何以故實无有
衆生如來度者若有衆生如來度者如來
則有我人衆生壽者須菩提如來說有我

凡夫者如來說則非凡夫須菩提於意云何
可以三十二相觀如來不須菩提言如是如是
以三十二相觀如來佛言須菩提若以三十二
相觀如來者轉輪聖王則是如來須菩提白
佛言世尊如我解佛所說義不應以三十二
相觀如來尒時世尊而說偈言
若以色見我　以音聲求我　是人行邪道　不能見如來
須菩提汝若作是念如來不以具足相故得
阿耨多羅三藐三菩提須菩提莫作是念如
來不以具足相故得阿耨多羅三藐三菩提
須菩提汝若作是念發阿耨多羅三藐三菩
提者說諸法斷滅相莫作是念何以故發
阿耨多羅三藐三菩提者於法不說斷滅相
須菩提若菩薩以滿恒河沙等世界七寶布

阿耨多羅三藐三菩提者於法不說斷滅相
須菩提若菩薩以滿恒河沙等世界七寶布
施若復有人知一切法无我得成於忍此菩
薩勝前菩薩所得功德須菩提以諸菩薩
不受福德故須菩提白佛言世尊云何菩薩不
受福德須菩提菩薩所作福德不應貪著
是故說不受福德須菩提若有人言如來若
來若去若坐若卧是人不解我所說義何以
故如來者无所從來亦无所去故名如來
須菩提若善男子善女人以三千大千世界
碎為微塵於意云何是微塵衆寧為多不甚
多世尊何以故若是微塵衆實有者佛則不
說是微塵衆所以者何佛說微塵衆則非微
塵衆是名微塵衆世尊如來所說三千大千

有者則是一合相如來說一合相則非一合
相是名一合相須菩提一合相者則是不可
說但凡夫之人貪著其事須菩提若人言佛
說我見人見衆生見壽者見須菩提於意云
何是人解我所說義不世尊是人不解如來
所說義何以故世尊說我見人見衆生見壽
者見即非我見人見衆生見壽者見是名我
見人見衆生見壽者見須菩提發阿耨多羅
三藐三菩提心者於一切法應如是知如是
見如是信解不生法相須菩提所言法相者
如來說即非法相是名法相須菩提若有人
以滿无量阿僧祇世界七寶持用布施若有
善男子善女人發菩薩心者持於此經乃至

善男子善女人發菩薩心者持於此經乃至
四句偈等受持讀誦為人演說其福勝彼云
何為人演說不取於相如如不動何以故
一切有為法　如夢幻泡影　如露亦如電　應作如是觀
佛說是經已長老須菩提及諸比丘比丘尼
優婆塞優婆夷一切世間天人阿脩羅聞
佛所說皆大歡喜信受奉行

金剛經一卷

BD00753　金剛般若波羅蜜經

BD00754 金剛般若波羅蜜經

（後秦）鳩摩羅什 譯

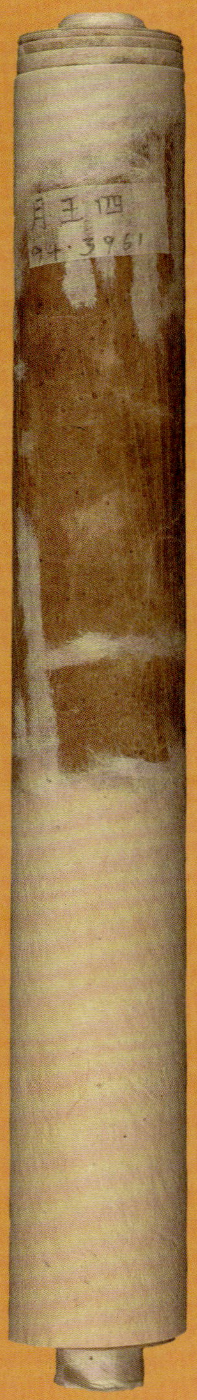

418.5cm × 27cm

不不也世尊何以故莊嚴
是名莊嚴是故須菩提
是生清淨心不應住色生
觸法生心應无所住而生
有人身如須弥山王於意
須菩提言甚大世尊何
大身須菩提如恒河中
恒河於意云何是諸恒
提言甚多世尊但諸恒
沙須菩提我今實言告汝若有善男子善女
人以七寶滿尒所恒河沙數三千大千世界
以用布施得福多不須菩提言甚多世尊佛

復次須菩提隨說是經乃至四句偈等當
知此處一切世間天人阿脩羅皆應供養如
佛塔廟何況有人盡能受持讀誦須菩提當
知是人成就最上第一希有之法若是經典
所在之處則為有佛若尊重弟子
尒時須菩提白佛言世尊當何名此經我等云
何奉持佛告須菩提是經名為金剛般若
波羅蜜以是名字汝當奉持所以者何須菩
提佛說般若波羅蜜則非般若波羅蜜須菩
提於意云何如來有所說法不須菩提白佛
言世尊如來无所說須菩提於意云何三千
大千世界所有微塵是為多不須菩提言甚
多世尊須菩提諸微塵如來說非微塵是名

BD00754　金剛般若波羅蜜經

多世尊須菩提諸微塵如來說非微塵是名
微塵如來說世界非世界是名世界須菩提
於意云何可以三十二相見如來不不也世
尊不可以三十二相得見如來何以故如來
說三十二相即是非相是名三十二相須菩
提若有善男子善女人以恒河沙等身命布
施若復有人於此經中乃至受持四句偈等
為他人說其福甚多
尒時須菩提聞說是經深解義趣涕淚悲泣
而白佛言希有世尊佛說如是甚深經典我
從昔來所得慧眼未曾得聞如是之經世尊
若復有人得聞是經信心清淨則生實相當
知是人成就第一希有功德世尊是實相者
則是非相是故如來說名實相世尊我今得

後五百歲其有衆生得聞是經信解受持是
人則為第一希有何以故此人无我相人相
衆生相壽者相所以者何我相即是非相人
相衆生相壽者相即是非相何以故離一切
諸相則名諸佛佛告須菩提如是如是若
復有人得聞此經不驚不怖不畏當知是人甚
為希有何以故須菩提如來說第一波羅蜜
非第一波羅蜜是名第一波羅蜜
須菩提忍辱波羅蜜如來說非忍辱波羅蜜
何以故須菩提如我昔為歌利王割截身體
我於尒時无我相无人相无衆生相无壽者
相何以故我於往昔節節支解時若有我相
人相衆生相壽者相應生瞋恨須菩提又念

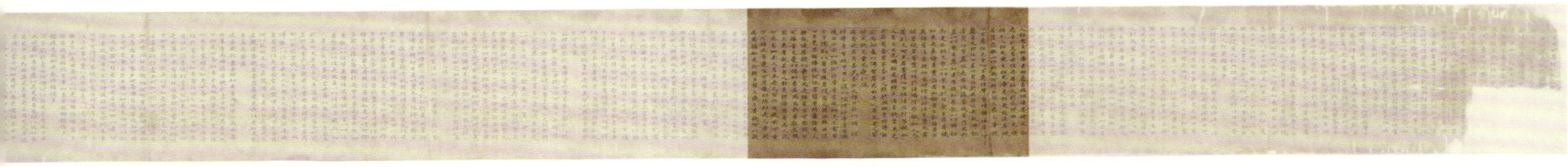

人相衆生相壽者相應生瞋恨須菩提又念
過去於五百世作忍辱仙人於尒所世无我
相无人相无衆生相无壽者相是故須菩提
菩薩應離一切相發阿耨多羅三藐三菩提
心不應住色生心不應住聲香味觸法生心
應生无所住心若心有住則為非住是故佛說
菩薩心不應住色布施須菩提菩薩為利
益一切衆生應如是布施如來說一切諸相
即是非相又說一切衆生則非衆生須菩提
如來是真語者實語者如語者不誑語者不
異語者須菩提如來所得法此法无實无虛
須菩提若菩薩心住於法而行布施如人入
闇則无所見若菩薩心不住法而行布施如

世若有善男子善女人能於此經受持讀誦
則為如來以佛智慧悉知是人悉見是人皆
得成就无量无邊功德
須菩提若有善男子善女人初日分以恒河
沙等身布施中日分復以恒河沙等身布施
後日分亦以恒河沙等身布施如是无量百
千万億劫以身布施若復有人聞此經典信
心不逆其福勝彼何況書寫受持讀誦為人
解說須菩提以要言之是經有不可思議不
可稱量无邊功德如來為發大乘者說為發
最上乘者說若有人能受持讀誦廣為人說
如來悉知是人悉見是人皆得成就不可量
不可稱无有邊不可思議功德如是人等則
為荷擔如來阿耨多羅三藐三菩提何以故

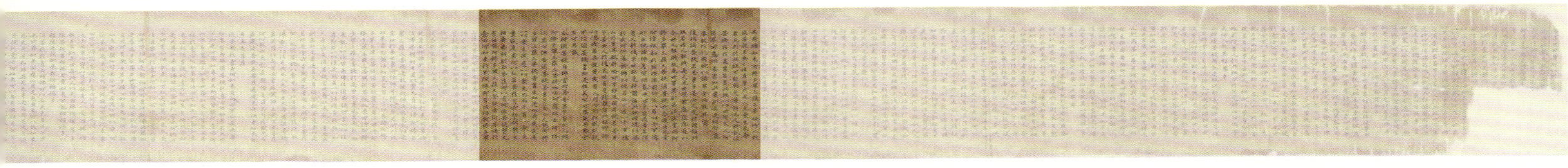

為荷擔如來阿耨多羅三藐三菩提何以故
須菩提若樂小法者著我見人見衆生見壽
者見則於此經不能聽受讀誦為人解說須
菩提在在處處若有此經一切世間天人阿
脩羅所應供養當知此處則為是塔皆應
恭敬作礼圍繞以諸華香而散其處
復次須菩提若善男子善女人受持讀誦此
經若為人輕賤是人先世罪業應墮惡道以
今世人輕賤故先世罪業則為消滅當得阿
耨多羅三藐三菩提須菩提我念過去无量
阿僧祇劫於然燈佛前得值八百四千万億
那由他諸佛悉皆供養承事无空過者若復
有人於後末世能受持讀誦此經所得功德
於我所供養諸佛功德百分不及一千万億

分乃至算數譬喻所不能及須菩提若善男
子善女人於後末世有受持讀誦此經所得
功德我若具說者或有人聞心則狂亂狐疑
不信須菩提當知是經義不可思議果報亦
不可思議
尒時須菩提白佛言世尊善男子善女人發
阿耨多羅三藐三菩提心云何應住云何降
伏其心佛告須菩提善男子善女人發阿耨
多羅三藐三菩提者當生如是心我應滅度
一切衆生滅度一切衆生已而无有一衆生
實滅度者何以故若菩薩有我相人相衆生
相壽者相則非菩薩所以者何須菩提實无
有法發阿耨多羅三藐三菩提者須菩提於
意云何如來於然燈佛所有法得阿耨多羅

BD00754　金剛般若波羅蜜經

意云何如来於然燈佛所有法得阿耨多羅
三藐三菩提不不世尊如我解佛所說義
佛於然燈佛所无有法得阿耨多羅三藐三
菩提佛言如是如是須菩提實无有法如来
得阿耨多羅三藐三菩提
須菩提若有法如来得阿耨多羅三藐三菩
提者然燈佛則不與我受記汝於来世當得
作佛号釋迦牟尼以實无有法得阿耨多
羅三藐三菩提是故然燈佛與我受記作是
言汝於来世當得作佛号釋迦牟尼何以故
如来者即諸法如義若有人言如来得阿耨
多羅三藐三菩提須菩提實无有法佛得阿
耨多羅三藐三菩提須菩提如来所得阿耨
多羅三藐三菩提於是中无實无虛是故如

是故如來說一切法皆是佛法須菩提所言一切法
者即非一切法是故名一切法須菩提譬如
人身長大須菩提言世尊如來說人身長大
則為非大身是名大身須菩提菩薩亦如是
若作是言我當滅度无量衆生則不名菩薩
何以故須菩提以實无有法名為菩薩是故
佛說一切法无我无人无衆生无壽者須菩提
若菩薩作是言我當庄嚴佛土是不名菩薩
何以故如來說庄嚴佛土者即非庄嚴是名
庄嚴須菩提若菩薩通達无我法者如來說
名真是菩薩
須菩提於意云何如來有肉眼不如是世尊
如來有肉眼須菩提於意云何如來有天眼
不如是世尊如來有天眼須菩提於意云何

不如是世尊如来有天眼須菩提於意云何
如来有慧眼不如是世尊如来有慧眼須菩
提於意云何如来有法眼不如是世尊如来
有法眼須菩提於意云何如来有佛眼不如
是世尊如来有佛眼須菩提於意云何恒河
中所有沙佛說是沙不如是世尊如来說是
沙須菩提於意云何如一恒河中所有沙有
如是等恒河是諸恒河所有沙數佛世界如
是寧為多不甚多世尊佛告須菩提尒所國
土中所有衆生若干種心如来悉知何以故
如来說諸心皆為非心是名為心所以者何
須菩提過去心不可得現在心不可得未来
心不可得須菩提於意云何若有人滿三千

福多不如是世尊此人以是因緣得福甚多
須菩提若福德有實如来不說得福德多以
福德无故如来說得福德多
須菩提於意云何佛可以具足色身見不不
也世尊如来不應以具足色身見何以故如来
具足色身即非具足色身是名具足色身須
菩提於意云何如来可以具足諸相見不不
也世尊如来不應以具足諸相見何以故如
来說諸相具足即非具足是名諸相具足須
菩提汝等勿謂如来作是念我當有所說法
莫作是念何以故若人言如来有所說法即
為謗佛不能解我所說故須菩提說法者无
法可說是名說法須菩提白佛言世尊佛得
阿耨多羅三藐三菩提為无所得耶如是如是

阿耨多羅三藐三菩提為无所得耶如是如是
須菩提我於阿耨多羅三藐三菩提乃至无
有少法可得是名阿耨多羅三藐三菩提
復次須菩提是法平等无有高下是名阿耨
多羅三藐三菩提以无我无人无衆生无壽者
脩一切善法則得阿耨多羅三藐三菩提
須菩提所言善法者如來說非善法是名善
法須菩提若三千大千世界中所有諸須彌
山王如是等七寶聚有人持用布施若人以
此般若波羅蜜經乃至四句偈等受持讀誦
為他人說於前福德百分不及一百千万億分
乃至筭數譬喻所不能及
須菩提於意云何汝等勿謂如來作是念我

有我人衆生壽者須菩提如来說有我者則
非有我而凡夫之人以為有我須菩提凡夫者
如来說則非凡夫須菩提於意云何可以三
十二相觀如来不須菩提言如是如是以
三十二相觀如来佛告須菩提若以三十二
相觀如来者轉輪聖王則是如来須菩提白
佛言世尊如我解佛所說義不應以三十二
相觀如来尒時世尊而說偈言
若以色見我　以音聲求我　是人行邪道　不能見如来
須菩提汝若作是念如来不以具足相故得
阿耨多羅三藐三菩提須菩提莫作是念如
来不以具足相故得阿耨多羅三藐三菩提
須菩提汝若作是念發阿耨多羅三藐三菩

須菩提汝若作是念發阿耨多羅三藐三菩
提者說諸法斷滅相莫作是念何以故發阿
耨多羅三藐三菩提者於法不說斷滅相須
菩提若菩薩以滿恒河沙等世界七寶布施
若復有人知一切法无我得成於忍此菩薩
勝前菩薩所得功德須菩提以諸菩薩不
受福德故須菩提白佛言世尊云何菩薩
不受福德須菩提菩薩所作福德不應貪着
是故說不受福德須菩提若有人言如來若
來若去若坐若卧是人不解我所說義何以
故如來者无所從來亦无所去故名如來
須菩提若善男子善女人以三千大千世界
碎爲微塵於意云何是微塵衆寧爲多不甚
多世尊何以故若是微塵衆實有者佛則不

說是微塵眾所以者何佛說微塵眾則非微
塵眾是名微塵眾世尊如來所說三千大千
世界則非世界是名世界何以故若世界實
有者則是一合相如來說一合相則非一合
相是名一合相須菩提一合相者則是不可
說但凡夫之人貪著其事
須菩提若人言佛說我見人見眾生見壽者
見須菩提於意云何是人解我所說義不世
尊是人不解如來所說義何以故世尊說
我見人見眾生見壽者見即非我見人見
眾生見壽者見是名我見人見眾生見壽者
見須菩提發阿耨多羅三藐三菩提心者於
一切法應如是知如是見如是信解不生法相
須菩提所言法相者如來說即非法相是

BD00754　金剛般若波羅蜜經

須菩提所言法相者如來說即非法相是
名法相須菩提若有人以滿无量阿僧祇世
界七寶持用布施若有善男子善女人發菩
薩心者持於此經乃至四句偈等受持讀誦
為人演說其福勝彼云何為人演說不取於
相如如不動何以故
一切有為法　如夢幻泡影　如露亦如電　應作如是觀
佛說是經已長老須菩提及諸比丘比丘尼
優婆塞優婆夷一切世間天人阿脩羅聞佛
所說皆大歡喜信受奉行

金剛般若波羅蜜經

BD00754　金剛般若波羅蜜經

BD00755 摩訶般若波羅蜜經（四十卷本）卷三四

（後秦）鳩摩羅什 譯

476.3cm × 25.5cm

所有性我□菩薩正脩
離惡不善法有覺有觀離
至入第四禪於是諸禪及
是禪不受禪味不得是
我於是諸禪不受果報
身通天耳知他人心宿命通天
通不取相不念有是神通不受神通味不
是神通我於是五神通不分別行須菩提
尒時用一念相應慧得阿耨多羅三藐三
提所謂是苦聖諦是集是滅是道聖諦
十力四无所畏四无㝵智十八不共法大
大悲得作佛分別三聚衆生正定邪
須菩提白佛言云何世尊於諸法无

自性若他性我本為菩薩行時不能觀諸欲
惡不善法无所有性入初禪以諸欲惡不善
法无所有性若自性若他性皆是无所有性
故我本行菩薩道時離諸欲惡不善法入初
禪乃至入第四禪須菩提若諸神通有性若
自性若他性我不能知是神通无所有性得
阿耨多羅三藐三菩提須菩提以神通无有
性若自性若他性皆是无所有性以是故諸
佛於神通知无所有性得阿耨多羅三藐三
菩提須菩提言世尊若菩薩摩訶薩知諸法
无所有性因四禪五神通得阿耨多羅三藐
三菩提世尊新學菩薩摩訶薩云何於諸法
无所有性中次第行次第學次第道以是次

BD00755　摩訶般若波羅蜜經（四十卷本）卷三四

无所有性中次第行次第學次第道以是次
第行次第學次第道得阿耨多羅三藐三菩
提佛告須菩提菩薩摩訶薩若初從諸佛聞
若從多供養諸佛菩薩聞若諸阿羅漢若諸
阿那含若諸斯陁含若諸須陁洹所聞得无
所有故是佛得无所有故是阿羅漢阿那含
斯陁含須陁洹一切賢聖皆以得空无所有
故有名一切有為作法无所有性乃至无有
如豪末許所有是菩薩摩訶薩聞是已作是
念若一切法无所有性得无所有故是佛乃
至得无所有故是須陁洹我若當得阿耨多
羅三藐三菩提若不得一切法常无有性我
何以不發心得阿耨多羅三藐三菩提得阿
耨多羅三藐

菩薩摩訶薩如是
思惟已發阿耨多羅三藐三菩提心為度一
切衆生故菩薩摩訶薩所行次第行次第學
次第道者如過去諸佛菩薩摩訶薩行道得
阿耨多羅三藐三菩提是新發意菩薩應學
六波羅蜜所謂檀那波羅蜜尸羅波羅蜜羼
提波羅蜜毗梨耶波羅蜜禪那波羅蜜般若
波羅蜜是菩薩摩訶薩若行檀波羅蜜時自
行布施亦教人布施讚嘆行布施功德歡喜
讚嘆行布施者以是布施因緣故得大財富
是菩薩遠離慳心布施衆生飲食衣服香華
瓔珞房舍卧具燈燭種種資生所須盡給與
之菩薩摩訶薩行是布施及持戒生天人中
得大尊貴以是持戒布施故得禪定衆以是
布施持戒禪

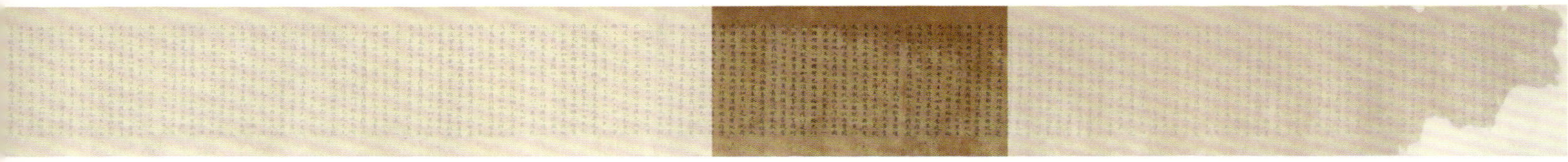

得大尊貴以是持戒布施故得禪定衆以是
布施持戒禪定故得智慧衆解脫衆解脫知
見衆是菩薩因是布施持戒禪定衆智慧衆
解脫衆解脫知見衆故過聲聞辟支佛地入
菩薩位入菩薩位已得淨佛國土成就衆生
得一切種智得一切種智已轉法輪轉法輪
已以三乘法度脫衆生生死如是須菩提菩
薩摩訶薩以是布施次第行次第學次第道
是事皆不可得何以故自性无所有故復次
須菩提菩薩摩訶薩從初發意自行持戒教
人持戒讚嘆持戒讚嘆持戒功德歡喜讚嘆
行持戒者持戒因緣故生天人中得大尊貴
見貧窮者施以財物不持戒者教令持戒乱

教人解脫解脫知見教人解脫知見以
是持戒禪定智慧解脫解脫知見故過聲聞
辟支佛地入菩薩位入菩薩位已得淨佛國
土淨佛國土已成就衆生成就衆生已得一
切種智得一切種智已轉法輪轉法輪已以
三乘法度脫衆生如是須菩提菩薩以是持
戒次第行次第學次第道是事皆不可得何
以故一切法自性无所有故復次須菩提菩
薩摩訶薩從初以來自行羼提波羅蜜教人
行羼提讚嘆羼提功德歡喜讚嘆行羼提者
行羼提波羅蜜時布施衆生各令滿足教令
持戒教令禪定乃至解脫知見以是布施持
戒禪定智慧因緣故過阿羅漢辟支佛地入
菩薩位中入菩薩位中已得淨佛國土得淨
佛國土已成就衆生

菩薩位中入菩薩位中已得淨佛國土得淨
佛國土已成就衆生成就衆生已得一切種
智得一切種智已轉法輪轉法輪已以三乘
法度脱衆生如是須菩提菩薩以羼提波羅
蜜次第行次第學次第道是事皆不可得何
以故一切法自性无所有故復次須菩提菩
薩摩訶薩從初以来自行毗梨邪波羅蜜教
人行毗梨邪讃嘆行毗梨耶功德歡喜讃嘆
行毗梨耶者乃至是事不可得自性无所有
故復次須菩提菩薩摩訶薩從初已来自入
禪入无量心入无色定亦教人入禪入无量
心入无色定讃嘆入禪入无量心入无色定
功德歡喜讃嘆行禪无量心无色定者是菩

解脫解脫知見因緣故過阿羅漢辟支佛地
入菩薩位入菩薩位已淨佛國土淨佛國土
已成就衆生成就衆生已得一切種智得一
切種智已轉法輪轉法輪已以三乘法度脫
一切衆生乃至是事不可得自性无所有故
復次須菩提菩薩摩訶薩從初已来行般若
波羅蜜布施衆生各令滿足教令持戒禪定
智慧解脫解脫知見是菩薩行般若波羅蜜
時自行六波羅蜜亦教他人令行六波羅蜜
讚嘆六波羅蜜功德歡喜讚嘆行六波羅蜜
者是菩薩以是檀那波羅蜜尸羅波羅蜜羼
提波羅蜜毗梨耶波羅蜜禪那波羅蜜般若
波羅蜜因緣及方便力過聲聞辟支佛地入

波羅蜜因緣及方便力過聲聞辟支佛地入
菩薩位乃至是事不可得自性无所有故須
菩提是名初發意菩薩摩訶薩次第行次第
學次第道復次須菩提菩薩摩訶薩次第行
次第學次第道菩薩摩訶薩從初已來以一
切種智相應心信解諸法无所有性脩六念
所謂念佛念法念僧念戒念捨念天須菩提
云何菩薩摩訶薩脩念佛菩薩摩訶薩念佛
不以色念不以受想行識念何以故是色自
性无受想行識自性无若法自性无是為无
所有何以故无憶故是為念佛復次須菩提
菩薩摩訶薩念佛不以三十二相念亦不念
金色身不念丈光不念八十隨形好何以故

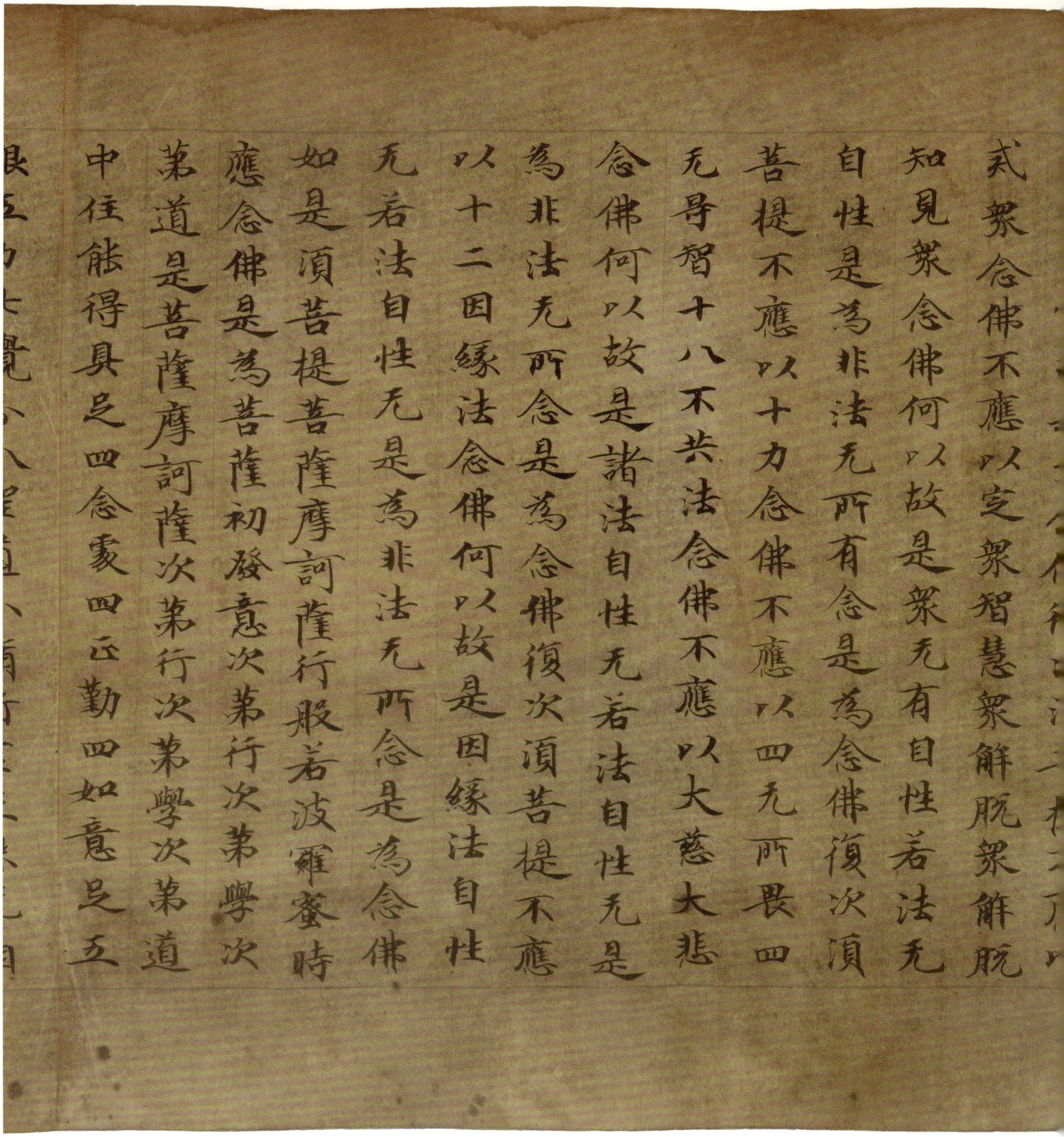
戒衆念佛不應以定衆智慧衆解脫衆解脫
知見衆念佛何以故是衆无有自性若法无
自性是為非法无所有念是為念佛復次須
菩提不應以十力念佛不應以四无所畏四
无㝵智十八不共法念佛不應以大慈大悲
念佛何以故是諸法自性无若法自性无是
為非法无所念是為念佛復次須菩提不應
以十二因緣法念佛何以故是因緣法自性
无若法自性无是為非法无所念是為念佛
如是須菩提菩薩摩訶薩行般若波羅蜜時
應念佛是為菩薩初發意次第行次第學次
第道是菩薩摩訶薩次第行次第學次第道
中住能得具足四念處四正勤四如意足五
根五力七覺

BD00755　摩訶般若波羅蜜經（四十卷本）卷三四

中住能得具足四念處四正勤四如意足五
根五力七覺分八聖道分脩行空三昧无相
三昧无作三昧乃至一切種智諸法性无所
有故是菩薩知諸法性无所有是中无有性
无无性須菩提云何菩薩摩訶薩應脩念法
須菩提菩薩摩訶薩行般若波羅蜜時不念
善法不念不善法不念記法无記法不念世
間法不念出世間法不念淨法不念不淨法
不念聖法不念凡夫法不念有漏法不念无
漏法不念欲界繫法色界繫法无色界繫法
不念有為法无為法何以故是諸法自性无
若法自性无是為非法无所念是為念法念
法中學无所有性故乃至當得一切種智是

須菩提菩薩摩訶薩應循念法於是法中乃
至无少許念何況念法須菩提菩薩摩訶薩
云何應循念僧須菩提菩薩摩訶薩念僧无
為法故分別有佛弟子衆是中乃至无有少
許念何況念僧如是須菩提菩薩摩訶薩應
循念僧須菩提菩薩摩訶薩云何應循念戒
須菩提菩薩摩訶薩從初發意已來應念聖
戒无缺戒无隙戒无瑕戒无濁戒无著戒自
在戒智者所讚戒具足戒隨定戒應念是戒
无所有性乃至无少許念何況念戒須菩提
菩薩摩訶薩從初發意已來應念捨若自念
捨若念他捨若捨財若捨法若捨煩惱觀是
捨不可得故乃至无少許念何況念捨如是

捨不可得故乃至无少許念何況念捨如是
須菩提菩薩摩訶薩應念捨須菩提云何菩
薩摩訶薩應念天須菩提菩薩作是念四天
王諸天所有信戒施聞慧此間命終生彼天
處我亦有是信戒施聞慧乃至他化自在天
所有信戒施聞慧此間命終生彼天處我亦
有是信戒施聞慧如是須菩提菩薩摩訶薩
應念是天无所有性是中尚无少許念何況
念天須菩提菩薩摩訶薩行是六念是名次
第行次第學次第道尒時須菩提白佛言世
尊若一切法无所有性所謂念色乃至識眼
乃至意色乃至法是无所有性眼界乃至意
識界是无所有性檀波羅蜜乃至般若波羅

尊若一切法无所有性者是則无道无智无
果佛告須菩提汝見是色性實有不乃至一
切種智實有不須菩提言不見世世尊佛告
須菩提汝若不見諸法實有云何作是問須
菩提言世尊我於是法不敢有疑但為當來
世諸比丘求聲聞辟支佛道菩薩道者是人
當如是言若一切法无所有性誰垢誰淨誰
縛誰解是不知不解故而破於戒破正見破
威儀破淨命是人破此事故當墮三惡道世
尊我畏當來世有如是事以是故問佛世尊
我於是法中信不疑不悔

摩訶般若波羅蜜一心具万行品第七十五

須菩提白佛言世尊若一切法性无所有菩

BD00755　摩訶般若波羅蜜經（四十卷本）卷三四

須菩提白佛言世尊若一切法性无所有菩
薩見何等利益故為衆生發阿耨多羅三藐
三菩提佛告須菩提以一切法性无所有故
菩薩為衆生求阿耨多羅三藐三菩提何以
故須菩提諸有得有著者難可解脫須菩提
諸得相者无有道无有果无阿耨多羅三藐
三菩提須菩提白佛言世尊无得相者有道
有果有阿耨多羅三藐三菩提不須菩提无
所得即是道即是果即是阿耨多羅三藐三
菩提法性不壞故若无所得法欲得道欲得
果欲得阿耨多羅三藐三菩提為欲壞法性
須菩提白佛言世尊若无所得法即是道即
是果即是阿耨多羅三藐三菩提云何有菩

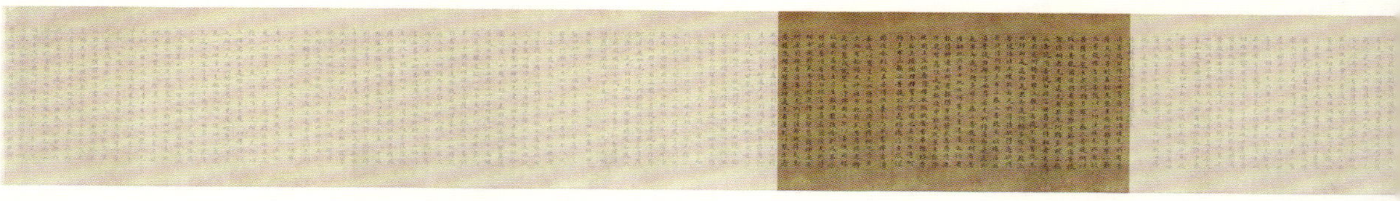

禪定智慧住是果報法中能成就衆生能淨
佛國土及供養諸佛衣服飲食香華瓔珞房
舍卧具燈燭種種資生所須之具乃至得阿
耨多羅三藐三菩提不斷是福德乃至般涅
槃後舍利及弟子得供養尒乃滅盡佛告須
菩提以諸法无所得相故得菩薩初地乃至
十地有報得五神通布施持戒忍辱精進禪
定智慧成就衆生淨佛國土亦以善根因緣
故能利益衆生乃至般涅槃後舍利及弟子
得供養須菩提白佛言世尊若諸法无所得
相布施持戒忍辱精進禪定智慧諸神通有
何差別佛告須菩提无所得法布施持戒忍
辱精進禪定智慧神通无有差別以衆生著

BD00755　摩訶般若波羅蜜經（四十卷本）卷三四

辱精進禪定智慧神通无有差別以衆生著
布施乃至神通故分別說世尊云何无所得
法布施乃至神通无差別須菩提菩薩摩訶
薩行般若波羅蜜時不得布施施者受者皆
不可得而行布施不得戒而持戒不得忍而
行忍不得精進而行精進不得禪而行禪不
得智慧而行智慧不得神通而行神通不得
四念處而行四念處乃至不得八聖道分而
行八聖道分不得空三昧无相三昧无作三
昧而行空无相无作三昧不得衆生而成就
衆生不得佛國土而淨佛國土不得諸佛法
而得阿耨多羅三藐三菩提須菩提菩薩摩
訶薩應如是行无所得般若波羅蜜菩薩摩

訶薩行般若波羅蜜時一心中具足行六波
羅蜜四禪四无量心四无色定四念處四正
勤四如意足五根五力七覺分八聖道分三
解脫門佛十力四无所畏四无导智十八不
共法大慈大悲三十二相八十隨形好佛告
須菩提菩薩摩訶薩所有布施不遠離般若
波羅蜜所脩持戒忍辱精進禪定不遠離般
若波羅蜜四禪四无量心四无色定脩四念
處乃至八十隨形好不遠離般若波羅蜜須
菩提白佛言世尊云何菩薩摩訶薩不遠離
般若波羅蜜故一心中具足行六波羅蜜乃
至八十隨形好佛言菩薩行般若波羅蜜時
所有布施不遠離般若波羅蜜不二相持戒

BD00755　摩訶般若波羅蜜經（四十卷本）卷三四

所有布施不遠離般若波羅蜜不二相持戒
時亦不二相脩忍辱勤精進入禪定亦不二
相乃至八十隨形好亦不二相須菩提白佛
言世尊云何菩薩摩訶薩布施時不二相乃
至脩八十隨形好不二相須菩提菩薩摩訶
薩行般若波羅蜜時欲具足檀波羅蜜檀波
羅蜜中攝諸波羅蜜及四念處乃至八十隨
形好世尊云何菩薩布施時攝諸无漏法佛
告須菩提若菩薩摩訶薩行般若波羅蜜時
住无漏心布施於无漏心中不見相所謂誰
施誰受所施何物以是无相心无漏心斷愛
斷慳貪心而行布施是時不見布施乃至不
見阿耨多羅三藐三菩提法是菩薩以无相

見一切佛法以无相心无漏心精進不見是
精進乃至不見一切佛法以无相心无漏心
入禪定不見是禪定乃至不見一切佛法以
无相心无漏心脩智慧不見是智慧乃至不
見一切佛法以无相心无漏心脩四念處不
見是四念處乃至八十隨形好世尊若諸法
无相无作云何具足檀波羅蜜尸波羅蜜羼
提波羅蜜毗梨耶波羅蜜禪波羅蜜般若波
羅蜜云何具足四念處四正勤四如意足五
根五力七覺分八聖道分云何具足空三昧
无相三昧无作三昧佛十力四无所畏四无
导智十八不共法大慈大悲云何具足三十
二相八十隨形好佛告須菩提菩薩摩訶薩

二相八十隨形好佛告須菩提菩薩摩訶薩
行般若波羅蜜以无相心无漏心布施須食
與食乃至種種所須盡給與之若內若外若
支解其身若國城妻子布施衆生若有人來
語菩薩言何用是布施為是无所益行般若
波羅蜜菩薩作是念是人雖來呵我布施我
終不悔我當勤行布施不應不與施已與一
切衆生共之迴向阿耨多羅三藐三菩提亦
不見是相誰施誰受所施何物迴向者誰何
等是迴向法何等是迴向處所謂阿耨多羅

BD00756 妙法蓮華經卷二

（後秦）鳩摩羅什 譯

144.9cm × 26.4cm

妙法蓮華經譬喻品第三　二
尒時舍利弗踊躍歡喜即起合掌瞻仰尊
顔而白佛言今從世尊聞此法音心懷踊躍
得未曾有所以者何我昔從佛聞如是法見
諸菩薩受記作佛而我等不預斯事甚自感
傷失於如來無量知見世尊我常獨處山林
樹下若坐若行每作是念我等同入法性云
何如來以小乘法而見濟度是我等咎非世尊
也所以者何若我等待説所因成就阿耨　多
羅三藐三菩提者必以大乘而得度脱然我
等不解方便隨宜所説初聞佛法遇便信受
思惟取證世尊我從昔來終日竟夜每自尅

佛口生從法化生得佛法分尒時舍利弗欲重
宣此義而說偈言
我聞是法音　得所未曾有　心懷大歡喜　疑網皆已除
昔來蒙佛教　不失於大乘　佛音甚希有　能除衆生惱
我已得漏盡　聞亦除憂惱　我處於山谷　或在林樹下
若坐若經行　常思惟是事　嗚呼深自責　云何而自欺
我等亦佛子　同入无漏法　不能於未來　演說無上道
金色三十二　十力諸解脫　同共一法中　而不得此事
八十種妙好　十八不共法　如是等功德　而我皆已失
我獨經行時　見佛在大衆　名聞滿十方　廣饒益衆生
自惟失此利　我爲自欺誑　我常於日夜　每思惟是事
欲以問世尊　爲失爲不失　我常見世尊　稱讚諸菩薩

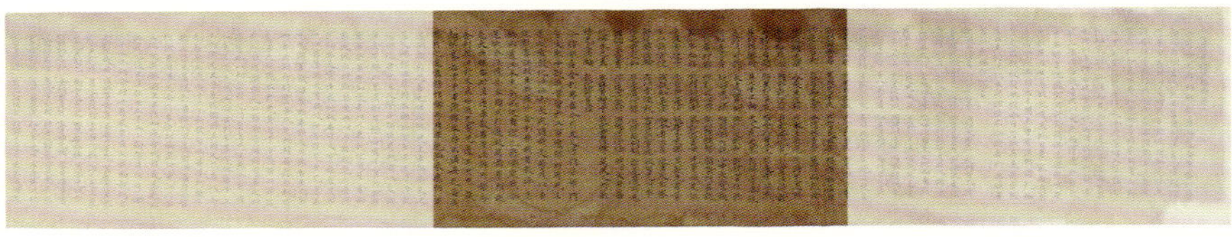

自惟失此利　我為自欺誑　我常於日夜　每思惟是事
欲以問世尊　為失為不失　我常見世尊　稱讚諸菩薩
以是於日夜　籌量如是事　今聞佛音聲　隨宜而說法
無漏難思議　令衆至道場　我本著邪見　為諸梵志師
世尊知我心　拔邪說涅槃　我悉除邪見　於空法得證
尒時心自謂　得至於滅度　而今乃自覺　非是實滅度
若得作佛時　具三十二相　天人夜叉衆　龍神等恭敬
是時乃可謂　永盡滅无餘　佛於大衆中　說我當作佛
聞如是法音　疑悔悉已除　初聞佛所說　心中大驚疑
將非魔作佛　惱亂我心耶　佛以種種緣　譬喻巧言說
其心安如海　我聞疑網斷　佛說過去世　无量滅度佛
安住方便中　亦皆說是法　現在未來佛　其數无有量
亦以諸方便　演說如是法　如今者世尊　從生及出家
[illegible]

聞佛柔軟音　深遠甚微妙　演暢清淨法　我心大歡喜
疑悔永已盡　安住實智中　我定當作佛　爲天人所敬
轉无上法輪　教化諸菩薩
尒時佛告舍利弗吾今於天人沙門婆羅門
等大衆中説我昔曾於二万億佛所爲无上
道故常教化汝汝亦長夜随我受學我以方
便引導汝故生我法中舍利弗我昔教汝志
願佛道汝今悉忘而便自謂已得滅度我今
還欲令汝憶念本願所行道故爲諸聲聞説
是大乘經名妙法蓮華教菩薩法佛所護念
舍利弗汝於未來世過无量无邊不可思議
劫供養若干千万億佛奉持正法具足菩薩
所行之道當得作佛號曰華光如來應供正

舍利弗汝於未來世過无量无邊不可思議
劫供養若千千万億佛奉持正法具足菩薩
所行之道當得作佛号曰華光如來應供正
遍知明行足善逝世間解无上士調御丈夫
天人師佛世尊國名離垢其土平正清淨嚴
飾安隱豐樂天人熾盛瑠璃為地有八交道
黃金為繩以界其側其傍各有七寶行樹常
有華果華光如來亦以三乘教化衆生舍利
弗彼佛出時雖非惡世以本願故說三乘法
其劫名大寶莊嚴何故名曰大寶莊嚴其國
中以菩薩為大寶故彼諸菩薩无量无邊不
可思議筭數譬喻所不能及非佛智力无能
知者若欲行時寶華承足此諸菩薩非初發
意皆久殖德本於无量百千万億佛所淨脩梵行

通善知一切諸法之門質直无僞志念堅固
如是菩薩充滿其國舍利弗華光佛壽十二
小劫除爲王子未作佛時其國人民壽八小
劫華光如來過十二小劫授堅滿菩薩阿耨多
羅三藐三菩提記告諸比丘是堅滿菩薩次當
作佛号曰華足安行多陁阿伽度阿羅訶三藐
三佛陁其佛國土亦復如是舍利弗是華光佛
滅度之後正法住世三十二小劫像法住世亦
三十二小劫尒時世尊欲重宣此義而說偈言
舍利弗來世　成佛普智尊　号名曰華光　當度无量衆
供養无數佛　具足菩薩行　十力等功德　證於无上道
過无量劫已　劫名大寶嚴　世界名離垢　清淨无瑕穢
以瑠璃爲地　金繩界其道　七寶雜色樹　常有華菓實

以瑠璃為地　金繩界其道　七寶雜色樹　常有華菓實
彼國諸菩薩　志念常堅固　神通波羅蜜　皆已悉具足
於无數佛所　善學菩薩道　如是等大士　華光佛所化
佛為王子時　棄國捨世榮　於最末後身　出家成佛道

BD00757 金剛般若波羅蜜經

（後秦）鳩摩羅什 譯

345.6cm × 26cm

他人說而此福德勝前福德復次須菩提隨
說是經乃至四句偈等當知此處一切世間天
人阿脩羅皆應供養如佛塔廟何況有人盡
能受持讀誦須菩提當知是人成就最上第
一希有之法若是經典所在之處則為有
佛若尊重弟子
尒時須菩提白佛言世尊當何名此經我等
云何奉持佛告須菩提是經名為金剛般若
波羅蜜以是名字汝當奉持所以者何須菩
提佛說般若波羅蜜則非般若波羅蜜須菩
提於意云何如來有所說法不須菩提白佛
言世尊如來无所說須菩提於意云何三千大
千世界所有微塵是為多不須菩提言甚多

意云何可以三十二相見如来不不也世尊
不可以三十二相得見如来何以故如来說三
十二相即是非相是名三十二相
須菩提若有善男子善女人以恒河沙等身
命布施若復有人於此經中乃至受持四句
偈等為他人說其福甚多
尒時須菩提聞說是經深解義趣涕淚悲泣
而白佛言希有世尊佛說如是甚深經典我
從昔来所得慧眼未曾得聞如是之經世尊
若復有人得聞是經信心清淨則生實相當
知是人成就第一希有功德世尊是實相者則
是非相是故如来說名實相世尊我今得聞
如是經典信解受持不足為難若當来世後
五百歲其有衆生得聞是經信解受持是人

五百歲其有衆生得聞是經信解受持是人
則為第一希有何以故此人无我相人相衆生
相壽者相所以者何我相即是非相人相衆生相
壽者相即是非相何以故離一切諸相則名諸佛
佛告須菩提如是如是若復有人得聞是經
不驚不怖不畏當知是人甚為希有何以故
須菩提如來說第一波羅蜜非第一波羅
蜜是名第一波羅蜜
須菩提忍辱波羅蜜如來說非忍辱波羅
蜜何以故須菩提如我昔為歌利王割截
身體我於尒時无我相无人相无衆生相无壽
者相何以故我於往昔節節支解時若有我
相人相衆生相壽者相應生瞋恨須菩提又
念過去於五百世作忍辱仙人於尒所世无我

心不應住色生心不應住聲香味觸法生心
應生无所住心若心有住則為非住是故
佛說菩薩心不應住色布施須菩提菩薩為
利益一切衆生應如是布施如來說一切諸相
即是非相又說一切衆生則非衆生
須菩提如來是真語者實語者如語者不誑
語者不異語者須菩提如來所得法此法无實
无虛須菩提若菩薩心住於法而行布施如人
入闇則无所見若菩薩心不住法而行布施如
人有目日光明照見種種色
須菩提當來之世若有善男子善女人能於
此經受持讀誦則為如來以佛智慧悉知是
人悉見是人皆得成就无量无邊功德
須菩提若有善男子善女人初日分以恒河

須菩提若有善男子善女人初日分以恒河
沙等身布施中日分復以恒河沙等身布施
後日分亦以恒河沙等身布施如是无量百千
万億劫以身布施若復有人聞此經典信心
不逆其福勝彼何況書寫受持讀誦為人
解說須菩提以要言之是經有不可思議不可
稱量无邊功德如来為發大乘者說為發最
上乘者說若有人能受持讀誦廣為人說如
来悉知是人悉見是人皆得成就不可量不
可稱无有邊不可思議功德如是人等則為
荷擔如来阿耨多羅三藐三菩提何以故
須菩提若樂小法者著我見人見衆生見壽
者見則於此經不能聽受讀誦為人解說須
菩提在在處處若有此經一切世間天人阿

恭敬作禮圍遶以諸華香而散其處
復次須菩提善男子善女人受持讀誦此經
若為人輕賤是人先世罪業應墮惡道以今
世人輕賤故先世罪業則為消滅當得阿耨
多羅三藐三菩提須菩提我念過去无量
阿僧祇劫於然燈佛前得值八百四千万億
那由他諸佛悉皆供養承事无空過者若復
有人於後末世能受持讀誦此經所得功德
於我所供養諸佛功德百分不及一千万億分
乃至筭數譬喻所不能及須菩提若善男子
善女人於後末世有受持讀誦此經所得功
德我若具說者或有人聞心則狂亂狐疑不
信須菩提當知是經義不可思議果報亦不
可思議尒時須菩提白佛言世尊善男子善
女人發阿耨多羅三藐三菩提心云何應住云

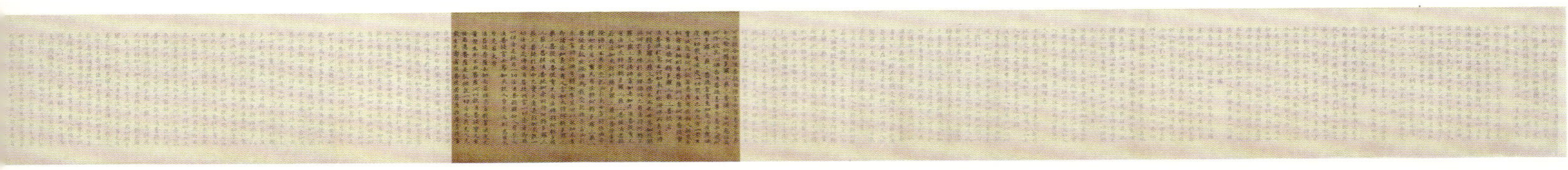

可思議尒時須菩提白佛言世尊善男子善
女人發阿耨多羅三藐三菩提心云何應住云
何降伏其心佛告須菩提善男子善女人發阿
耨多羅三藐三菩提者當生如是心我應滅
度一切衆生滅度一切衆生已而无有一衆生
實滅度者何以故若菩薩有我相人相衆生
相壽者相則非菩薩所以者何須菩提實
无有法發阿耨多羅三藐三菩提者
須菩提於意云何如来於然燈佛所有法得
阿耨多羅三藐三菩提不不也世尊如我解
佛所說義佛於然燈佛所无有法得阿耨多
羅三藐三菩提佛言如是如是須菩提實无
有法如来得阿耨多羅三藐三菩提須菩提
若有法如来得阿耨多羅三藐三菩提者然
燈佛則不與我受記汝於来世當得作佛号

菩提是故然燈佛與我受記作是言汝於
来世當得作佛号釋迦牟尼何以故如来者
即諸法如義若有人言如来得阿耨多羅三
藐三菩提須菩提實无有法佛得阿耨多羅
三藐三菩提須菩提如来所得阿耨多羅三
藐三菩提於是中无實无虛是故如来說一
切法皆是佛法須菩提所言一切法者即非
一切法是故名一切法須菩提譬如人身長大
須菩提言世尊如来說人身長大則為非大
身是名大身
須菩提菩薩亦如是若作是言我當滅度无
量衆生則不名菩薩何以故須菩提實无有
法名為菩薩是故佛說一切法无我无人无
衆生无壽者須菩提若菩薩作是言我當

法名爲菩薩是故佛說一切法无我无人无
衆生无壽者須菩提若菩薩作是言我當
莊嚴佛土者不名菩薩何以故如來說莊嚴
佛土者即非莊嚴是名莊嚴須菩提若菩
薩通達无我法者如來說名真是菩薩
須菩提於意云何如來有肉眼不如是世尊
如來有肉眼須菩提於意云何如來有天眼
不如是世尊如來有天眼須菩提於意云何
如來有慧眼不如是世尊如來有慧眼須菩
提於意云何如來有法眼不如是世尊如來
有法眼須菩提於意云何如來有佛眼不如
是世尊如來有佛眼須菩提於意云何恒河
中所有沙佛說是沙不如是世尊如來說是
沙須菩提於意云何如一恒河中所有沙有

國土中所有衆生若干種心如来悉知何以故
如来説諸心皆為非心是名為心所以者何須
菩提過去心不可得現在心不可得未来心
不可得須菩提於意云何若有人滿三千大
千世界七寶以用布施是人以是因緣得福
多不如是世尊此人以是因緣得福甚多須
菩提若福德有實如来不説得福德多以
福德无故如来説得福德多須菩提於意
云何佛可以具足色身見不不也世尊如来不
應以具足色身見何以故如来説具足色身即
非具足色身是名具足色身須菩提於意云
何如来可以具足諸相見不不也世尊如来不應
以具足諸相見何以故如来説諸相具足即非
具足是名諸相具足須菩提汝勿謂如来作是

具是名諸相具足須菩提汝勿謂如來作是
念我當有所說法莫作是念何以故若人言如
來有所說法即爲謗佛不能解我所說故須
菩提說法者无法可說是名說法須菩提白
佛言世尊佛得阿耨多羅三藐三菩提爲
无所得耶如是如是須菩提我於阿耨多羅
三藐三菩提乃至无有少法可得是名阿耨多
羅三藐三菩提復次須菩提是法平等无有
高下是名阿耨多羅三藐三菩提以无我无人
无衆生无壽者脩一切善法則得阿耨多羅三
藐三菩提須菩提所言善法者如來說非善
法是名善法須菩提若三千大千世界中所
有諸須弥山王如是等七寶聚有人持用布
施若人以此般若波羅蜜經乃至四句偈等

云何汝等勿謂如來作是念我當度衆生須菩
提莫作是念何以故實无有衆生如來度者若
有衆生如來度者如來則有我人衆生壽者
須菩提如來說有我者則非有我而凡夫之人
以為有我須菩提凡夫者如來說則非凡夫
須菩提於意云何可以卅二相觀如來不須菩
提言如是如是以卅二相觀如來佛言須菩提
若以卅二相觀如來者轉輪聖王則是如來
須菩提白佛言世尊如我解佛所說義不應
以卅二相觀如來尒時世尊而說偈言
若以色見我　以音聲求我　是人行邪道　不能見如來
須菩提汝若作是念如來不以具足相故得阿
耨多羅三藐三菩提須菩提莫作是念如來
不以具足相故得阿耨多羅三藐三菩提須菩

BD00757　金剛般若波羅蜜經

耨多羅三藐三菩提須菩提莫作是念如来
不以具足相故得阿耨多羅三藐三菩提須菩
提汝若作是念發阿耨多羅三藐三菩提者
說諸法斷滅相莫作是念何以故發阿耨多羅
三藐三菩提者於法不說斷滅相須菩提若菩
薩以滿恒河沙等世界七寶布施若復有人知一
切法无我得成於忍此菩薩勝前菩薩所得功
德須菩提以諸菩薩不受福德故須菩提白
佛言世尊云何菩薩不受福德須菩提菩薩所
作福德不應貪著是故說不受福德須菩提若
有人言如来若来若去若坐若卧是人不解我
所說義何以故如来者无所從来亦无所去故
名如来須菩提若善男子善女人以三千大千世
界碎為微塵於意云何是微塵衆寧為多不
甚多世尊何以故若是微塵衆實有者佛則

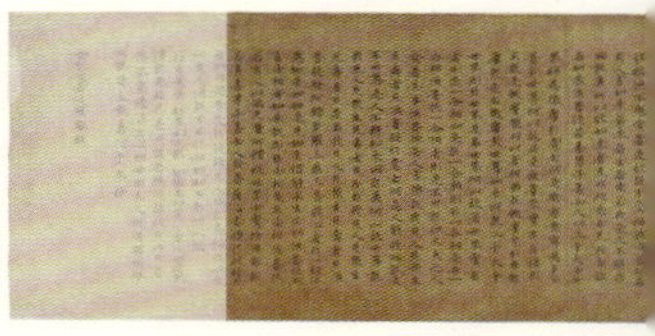

塵衆是名微塵衆世尊如来所說三千大千
世界則非世界是名世界何以故若世界實有
者則是一合相如来說一合相則非一合相是名一
合相須菩提一合相者則是不可說但凡夫之人
貪著其事須菩提若人言佛說我見人見衆生
見壽者見須菩提扵意云何是人解我所說義
不世尊是人不解如来所說義何以故世尊說
我見人見衆生見壽者見即非我見人見衆生
見壽者見是名我見人見衆生見壽者見須
菩提發阿耨多羅三藐三菩提心者扵一切法
應如是知如是見如是信解不生法相須菩提所
言法相者如来說即非法相是名法相須菩提
若有人以滿无量阿僧祇世界七寶持用布施
若有善男子善女人發菩薩心者持扵此經乃

BD00757　金剛般若波羅蜜經

若有善男子善女人發菩薩心者持於此經乃
至四句偈等受持讀誦為人演說其福勝彼云
何為人演說不取於相如如不動何以故
一切有為法　如夢幻泡影　如露亦如電　應作如是觀
佛說是經已長老須菩提及諸比丘比丘尼
優婆塞優婆夷一切世間天人阿脩羅聞佛
所說皆大歡喜信受奉持

金剛般若波羅蜜經

BD00758 金光明最勝王經卷七

（唐）義净 譯

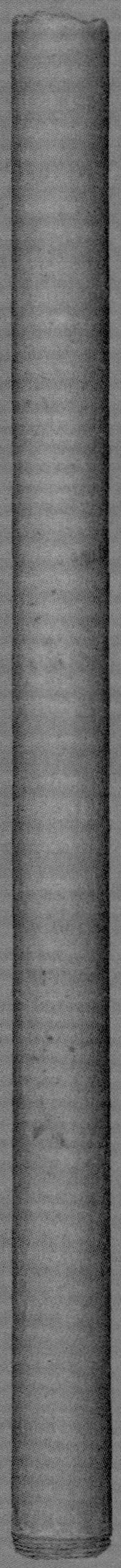

132.9cm × 26cm

雷電霹靂及諸恐怖苦惱憂患乃至枉死悉
皆遠離所有毒藥蠱魅厭禱害人虎狼師
子毒虵之類乃至蚊虻悉不為害
尒時世尊普告大衆善哉善哉此等神呪皆
有大力能隨衆生心所求事悉令圓滿為大
利益除不至心汝等勿疑時諸大衆聞佛語
已歡喜信受
金光明最勝王經大辯才天女品第十五
尒時大辯才天女於大衆中即從座起頂礼
佛足白佛言世尊若有法師說是金光明最勝
王經者我當益其智慧具足莊嚴言說之
辯若彼法師於此經中文字句義所有忘失
皆令憶持能善開悟復與陁羅尼揔持無礙

流布不速隱沒復令無量有情聞是經典皆得
不可思議捷利辯才無盡大慧善解衆論及
諸伎術能出生死速趣無上正等菩提於現
世中增益壽命資身之具悉令圓滿世尊我
當為彼持經法師及餘有情於此經典樂聽
聞者說其呪藥洗浴之法彼人所有惡星災
變與初生時生屬相違疫病之苦鬪諍戰陣
惡夢鬼神蠱毒厭魅呪術起屍如是諸惡為
障難者悉令除滅諸有智者應作如是洗浴
之法當取香藥三十二味所謂
昌蒲 跋者　牛黃 瞿盧折娜　苜蓿香 塞畢力迦
麝香 莫訶婆伽　雄黃 末捺眵羅　合昏樹 尸利灑
白及 因達囉喝悉哆　芎藭 闍莫迦　枸杞根 苫弭
松脂 室利薜瑟得迦　桂皮 咄者　香附子 目窣

麝香莫訶婆伽　雄黃……眵……羅　合昏樹……灑……

白及因達囉喝悉哆　芎藭闍莫迦　苟杞根苫弭

松脂室利薜瑟得迦　桂皮咄者　香附子目窣哆

沉香惡揭嚕　栴檀栴檀娜　零凌香多揭羅

丁子索瞿者　鬱金茶矩麽　婆律膏揭羅婆

葦香捺刺柁　竹黃鵝路戰娜　細豆蔻蘇泣迷羅

甘松苫弭哆　藿香鉢怛羅　茅根香嗢尸羅

叱脂薩洛計　艾納世黎也　安息香窶具攞

芥子薩利殺跛　馬芹葉婆你　龍花鬚那伽雞薩羅

白膠薩折羅婆　青木矩瑟侘　皆等分

以布灑星日一處擣篩取其香末當以此呪呪

一百八遍呪曰

怛姪他蘇訖栗帝　訖栗帝訖栗計

劫摩怛里　繕怒羯囒滯

細豆

阿伐底羯細　計娜矩覩矩覩
脚迦鼻麗　劫鼻麗劫鼻麗
劫毗羅末底丁里　尸羅末底
那底度羅末底里　波伐雜畔雜麗
室麗室麗　薩底悉體莎訶
若樂如法洗浴時　應作壇場方八肘
可於寂靜安隱處　念所求事不離心
應塗牛糞作其壇　於上普散諸花彩
當以淨潔金銀器　盛滿美味并乳蜜
於彼壇場四門所　四人守護法如常
令四童子好嚴身　各於一角持瓶水
於此常燒安息香　五音之樂聲不絕
幡蓋莊嚴懸繒綵　安在壇場之四邊
復於場內置明鏡　利刀兼箭各四枚

復於場內置明鏡　利刀兼箭各四枚
於壇中心埋大盆　應以漏版安其上
用前香秫以和湯　亦復安在於壇內
既依如斯布置已　然後誦呪結其壇
結界呪曰
怛姪他頞喇計　娜也泥去四　囉
阿囉祇囉　企企囉　莎訶
如是結界已　方入於壇內　呪水三七遍　散灑於四方
次可呪香湯　滿一百八遍　四邊安幔障　然後洗浴身
呪水呪湯呪曰
怛姪他一　索揭智貞勵反下同二　毗揭智三
毗揭荼伐底四　莎訶五
若洗浴訖其洗浴湯及壇場中供養飲食棄
河池內餘皆收攝如是浴已方著淨衣既出壇

獲無量隨心福報復說頌曰

若有病苦諸衆生　種種方藥治不差

若依如是洗浴法　并復讀誦斯經典

常於日夜念不散　專想慇懃生信心

所有患苦盡消除　解脫貧窮足財寶

四方星辰及日月　威神擁護得延年

吉祥安隱福德增　災變厄難皆除遣

次誦護身呪三七遍呪曰

怛姪他　三謎　毗三謎　莎訶

索揭滯　毗揭滯　莎訶

毗揭荼亭耶反伐底　莎訶

娑揭羅　三步多也　莎訶

BD00759 無垢净光大陀羅尼經

（唐）彌陀山 譯

567.8cm × 27.4cm

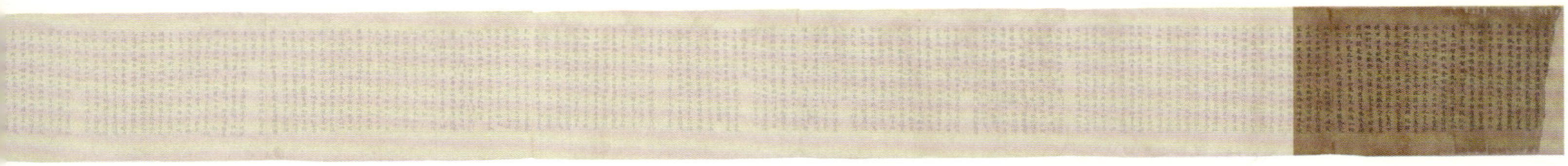

他[illegible]
金剛主菩薩觀世[illegible]
普賢菩薩无盡慧菩薩弥勒菩薩如是等
而為上首復有无量天龍夜叉乾闥婆阿修羅迦
樓羅緊那羅摩睺羅伽人非人等无量大
衆恭敬圍遶而為說法時彼城中有大婆羅門
名劫比羅戰荼歸敬外道不信佛法有善相
師而告之言大婆羅門汝却後七日必當命
終時婆羅門聞是語已心懷愁惱驚懼怖
畏作是思惟誰能救我我當依誰復作是念沙
門瞿曇稱一切智證一切智我當詣彼彼若
實是一切智者必當說我憂惱之事作是念
已即往佛所於衆會前遥觀如來意欲請問
而[illegible]

羅門汝却後七日定當命終墮可畏處阿鼻
地獄從此復入十六地獄出已復受旃陀羅
身命終之後復生豬中恒居臭溷常食糞
穢壽命長時多受衆苦後得爲人貧窮下
賤不淨臭穢醜形黑瘦乾枯癩病人不喜見其
咽如針恒乏飲食爲人棰打受大苦惱時婆
羅門聞是語已生大恐怖悲泣憂愁疾至佛
所頂礼雙足而白佛言如來即是救濟一切
諸衆生者我今悔過歸命世尊唯願救我大
地獄苦佛言大婆羅門此迦毗羅城三岐道
處有古佛塔於中現有如來舍利其塔崩壞
汝應往彼重更修理乃造輪橖寫陁羅尼以
置其中興大供養依法七遍念誦神呪令汝

汝應往彼重更脩理乃造輪樘寫陀羅尼以
置其中興大供養依法七遍念誦神呪令汝
命根還復增長久後壽終生極樂界於百千
劫受大勝樂次後復於妙喜世界亦百千劫
如前受樂後復於諸兜率天宮亦百千劫相
續受樂一切生處常憶宿命除一切障滅一切
罪永離一切地獄等苦常見諸佛恒為如來
之所攝護婆羅門若有比丘比丘尼優婆塞
優婆夷善男女等或有短命或多病者應
脩故塔或造小塔依法書寫陀羅尼呪呪索
作壇由此福故命將欲盡者復更增壽諸病
苦者皆得除愈永離地獄畜生餓鬼耳尚不
聞地獄之聲何況身受時婆羅門聞此語已
心懷歡喜即欲往彼故壞塔所依教脩營時

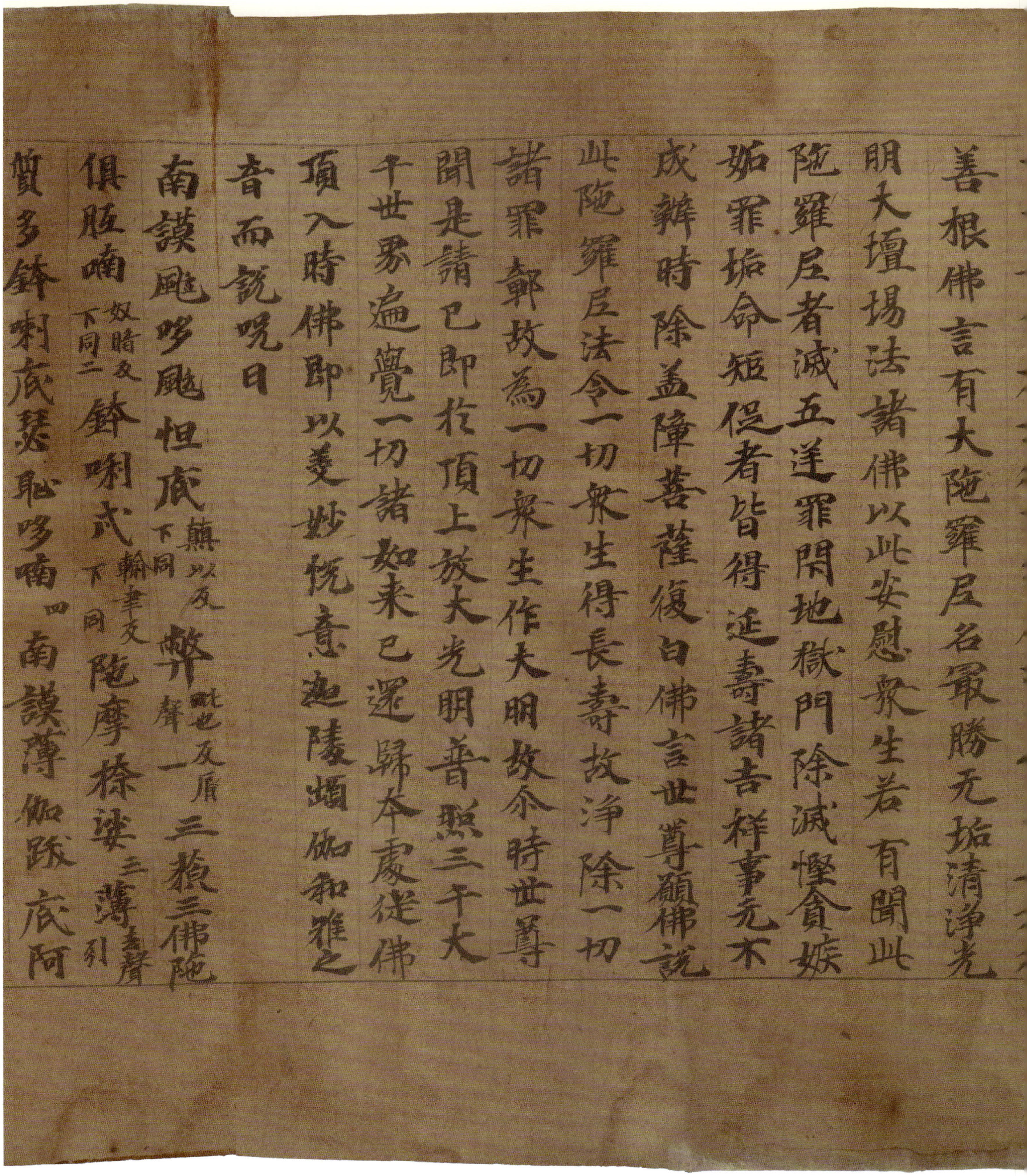

善根佛言有大陁羅尼名最勝无垢清淨光
明大壇場法諸佛以此安慰衆生若有聞此
陁羅尼者滅五逆罪閇地獄門除滅慳貪嫉
妬罪垢命短促者皆得延壽諸吉祥事无不
成辦時除蓋障菩薩復白佛言世尊願佛說
此陁羅尼法令一切衆生得長壽故淨除一切
諸罪鄣故為一切衆生作大明故尒時世尊
聞是請已即於頂上放大光明普照三千大
千世界遍覺一切諸如來已還歸本處從佛
頂入時佛即以美妙悅意迦陵頻伽和雅之
音而說呪曰
南謨颯哆颯怛底（顛以反下同）弊（毗也反脣聲一）三藐三佛陁
俱胝喃（奴睹反下同二）鉢喇（輸聿反下同）式陁摩捺婆（三）薄（去聲引）
質多鉢喇底瑟恥哆喃（四）南謨薄伽跋底阿

BD00759　無垢淨光大陀羅尼經

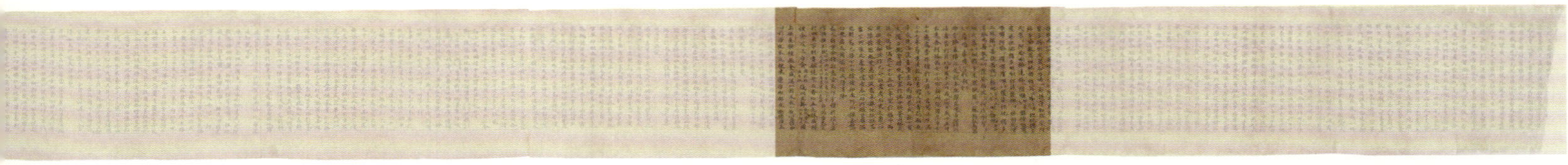

俱胝喃下同二[illegible]下同[illegible]訶引
質多鉢喇底瑟恥哆喃四南謨薄伽跋底阿
弥多喻毅寫怛他揭悁寫五唵引聲六怛他揭多
式第七阿喻毗輸達你八僧嗷阿葛反囉僧嗷囉九
薩婆怛他揭多毗喇耶跋羅娜十鉢喇底僧
嗷囉阿喻十一薩囉薩囉十二薩婆怛他揭多
三昧跋十三菩提菩提十四勃地亭也反下同毗勃地十五
菩馱也菩馱也十六薩婆播波引阿伐喇拏上
毗式第十七毗揭多末羅珮跋十八蘇勃馱勃第
十九虎嚕虎嚕莎引聲訶引聲
佛言除蓋障此是根本陁羅尼呪若欲作此
法者當於月八日或十三日或十四日或十五日
右遶舍利塔滿七十七帀誦此陁羅尼亦七
十七遍應當作壇於上謙淨書寫此呪滿
[illegible]

或隨力施當持呪本置於塔中供養此塔或
作小泥塔滿足七十七各以一本置於塔中而
興供養如法作已命欲盡者而更延壽一切
宿障諸惡趣業悉皆滅盡永離地獄餓鬼
畜生所生之處常憶宿命一切所願皆得滿
足則為已得七十七億諸如來所而種善根一
切衆病及諸煩惱咸得消除
若人病重命將欲盡當為作方壇於壇上盡
作種種形狀（所謂輪形金剛杵鑿形月字形蓮花形四角盡蓮花上安瓶）瓶滿香水置
於四角布列香鑪燒衆名香以五色鉢盛種
種食及三白食（謂乳酪粳米飯）復以五鉢（各盛香花水及粳米）壇
上供養種種飲食盛滿一器及水一瓶置壇中
心於壇近水及粳米邊作毗那夜迦像頂上

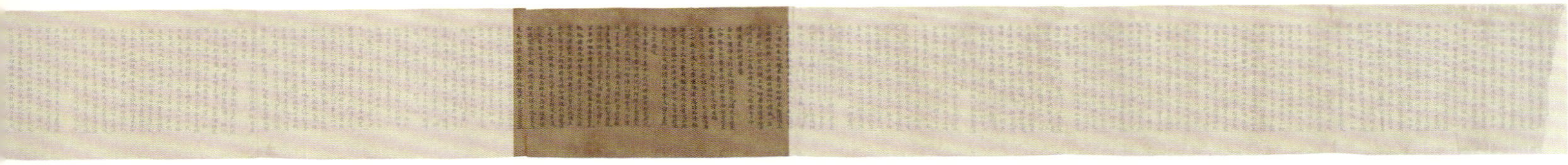

[illegible]
心於壇近水及粳米邊作毗那夜迦像頂上
安燈將彼病人在於壇西面向此壇盛一器
食對病人前置於壇上呪師要須清淨如法
呪此病人七十七遍令將死之人惛寘七日命、
續識還如從夢覺
若有護淨日別一遍誦念此呪滿足百年是
人命終生極樂界若一切時常念誦者乃至
菩提恒憶宿命永離夭壽及諸惡趣
若復有人為於亡者稱其名字至心誦呪滿
七十七遍若彼亡人墮惡趣者應時即得離
惡道皆生天受樂或稱彼名依法書寫此陁
羅尼置佛塔中如法供養亦令亡者得離惡
趣生於天上或復得生兜率天宮乃至菩

拜或供養者當得授記於阿耨多羅三藐三
菩提而不退轉一切宿障一切罪業悉皆消
滅下至飛鳥畜生之類至此塔影當得永離
畜生惡趣若有五无間罪或在塔影或觸彼
塔皆得除滅置塔之處无諸邪魅夜叉羅刹
富單那毗舍闍等惡獸惡龍毒虫毒草亦无
魍魎諸惡鬼神奪精氣者亦无刀兵水火霜
雹飢饉横死惡夢不祥苦惱之事於彼國土
若有諸惡先相現時其塔即便現於神變出
大光焰令彼諸惡不祥之事无不殄滅若復
於彼有惡心衆生或是怨讎及怨伴侶并諸
劫盜寇賊等類欲壞此國其塔亦便出大火
光即於其處現諸兵仗惡賊見已自然退散

光既於其處現諸兵仗惡賊見已自然退散
常有一切諸天善神守護其國於國四周各
百由旬結成大界其中男女乃至畜生无諸
疫癘疾苦鬬諍不作一切非法之事其餘呪
術所不能壞是名根本陁羅尼法善男子今
為汝說相輪樑中陁羅尼法即說呪曰
唵引一薩婆怛他揭多毗補羅曳移熱反下同瑟撥竹几反下
同二末尼羯諾迦舉佉反曷喇折哆三毗善瑟哆曳
瑟撥四杜嚕杜嚕五三曼哆毗嚕吉帝六薩囉
薩囉播跛輸達尼七菩達尼三菩達尼八鉢
囉上伐囉上曳瑟撥伐麗九末尼脫檐十鶻嚕
凶囉上末羅毗戍第十一吽引吽莎引訶
善男子應當如法書寫此呪九十九本安於
相輪樑四周安置又寫此呪及功能法於樑中

爲已造九万九千佛舍利塔亦爲已造九万
九千八大寶塔亦爲已造九万九千菩提道
場塔若造一小泥塔於中安置此陁羅尼者
則爲已造九万九千諸小寶塔若有衆生右
遶此塔或礼一拜或一合掌或以一華或以一
香燒香塗香鈴鐸幡蓋而供養者則爲供
養九万九千諸佛塔已是則成就廣大善根
福德之聚若有飛鳥蚊虻蠅等至塔影中當
得授記於阿耨多羅三藐三菩提而不退轉
若遥見此塔或聞鈴聲或聞其名彼人所有
五无間業一切罪障皆得消滅常爲一切諸
佛護念得於如來清淨之道是名相輪陁羅
尼法善男子今爲汝說脩造佛塔陁羅尼

尼法善男子今為汝說脩造佛塔陁羅尼
法即說呪曰
唵一引薩婆怛他揭多二末羅毗輸達尼三上健陁
粺黎鉢娜伐䨺四鉢喇底僧塞迦囉五怛他
揭多馱都達䨺六達囉達囉七珊達囉珊達
囉八薩婆怛他揭多阿地瑟恥帝莎引訶
若有比丘比丘尼優婆塞優婆夷若自造塔
若教人造若脩故塔若作小塔或以泥作或
用甎石應先呪滿一千八遍然後造作其塔
分量或如爪甲或長一肘乃至由旬以其呪
力及至心故於泥等塔中出妙香氣所謂牛
頭旃檀赤白旃檀龍惱麝香鬱金香等及
天香自作教人皆得成就廣大善根福德之
聚命若短促便得延壽後臨終時得見九十

他歲常得宿命天眼天身天耳天鼻天旃檀
香從其身出口中常出優鉢羅花香得五神
通於阿耨多羅三藐三菩提得不退轉若呪
香泥下至撚少如芥子許塗此塔上彼人亦
得如上所說大福德聚
若比丘比丘尼優婆塞優婆夷如法書寫陁
羅尼法以清淨心尊重供養如佛无異於書
寫人亦增上供養如前所說書呪印已置於
塔中及所脩塔內并相輪樘中如法成就是
人當得廣大善根福德之聚佛說此陁羅尼
印法時十方一切諸佛如來同聲讚言善哉
善哉釋迦牟尼如來應正等覺乃能善說
此大陁羅尼印法令一切衆生皆无空過獲
大利益攝大福聚乃至於阿耨多羅三藐三

此大陁羅尼印法令一切衆生皆无空過者
大利益攝大福聚乃至於阿耨多羅三藐三
菩提得不退轉
尒時衆中天龍八部及諸菩薩執金剛主四
王帝釋梵天王那羅延摩醯首羅摩尼跋陁
羅補那跋陁及跋羅神夜摩神婆樓摩神俱
薜羅神婆毗婆神諸仙衆等聞此法已起歎
離心調伏柔耎生大歡喜以大音聲牙相謂
言希有希有諸佛如來希有希有真正妙法
希有希有此陁羅尼印法如來所説甚難值
遇是時劫比羅戰荼大婆羅門聞此大功德
殊勝利益大陁羅尼法印即得明達法性遠
塵離垢斷諸煩惱滅諸罪障壽命延長生天
歡喜踊躍无量令一切衆生亦皆當得心意

寶闍錯莊嚴以佛莊嚴而莊嚴之愛樂法故
供養如來右遶三帀頂礼佛足而白佛言世、
尊此大陁羅尼壇場法印甚難值遇世尊說
此一切衆生妙法庫藏鎮閻浮提令諸衆生
種大善根施其壽命消滅煩惱我今亦當爲
令衆生種善根故供養一切諸如來故今於
佛前說自心印陁羅尼法即說呪曰
南謨薄伽伐帝納婆納伐底喃一三藐三佛陁
俱胝那庾多設多索訶薩囉引喃二南謨薩
婆你伐囉拏上聲毗瑟劍鼻尼引菩提薩埵也三
唵引四覩嚕覩嚕五薩婆阿伐囉拏毗太達尼六
薩婆怛他揭多摩庾播剌尼七毗布攞八眤
末攞薩婆悉陁南摩塞訖栗帝九跋羅跋

BD00759　無垢净光大陀羅尼經

末麗薩婆悉陁南摩塞訖栗帝九䟦羅䟦
囉十薩婆薩埵婆盧羯尼十一吽引薩婆尼
伐囉拏上聲毗瑟劒毗泥十二薩婆播波毗燒達
尼莎引訶
世尊此陁羅尼是九十九億諸佛所説若有
至心暫念誦者一切罪業悉皆消滅若有依
法書寫此呪滿九十九本置於塔中或落四
周有人礼拜及以讚嘆或以香花塗香燈燭
供養此塔彼善男女於現生中滅一切罪除
一切障滿一切願則爲供養九十九億百千
那由他恒河沙等諸如來已亦爲供養九十
九億百千那由他恒河沙等舍利塔已是
則成就廣大善根福德之聚若有比丘於、
[illegible]

種白食石遶佛塔誦此陁羅尼滿一百八遍
百千刧罪及五无間皆得除滅我除蓋障即
為現身令其所願皆悉滿足得見一切諸佛
如来若有誦滿二百八遍得諸禪定若有誦
滿三百八遍得淨一切障三昧若有誦滿四
百八遍得四天天王常来親近現身衛護加
其身心增大威德若有誦滿五百八遍攝得
无量阿僧祇不可量諸大善根若有誦滿
六百八遍便得此呪根本法成為持呪天
仙若有誦滿七百八遍得大威德具足光明
若有誦滿八百八遍得心清淨若有誦滿九
百八遍得五根清淨若有誦滿一千八遍當
得須陁洹果若誦滿二千遍當得斯陁含果
若誦滿三千遍當得阿那含果若誦滿四千

得須陁洹果若誦滿二千遍當得斯陁含果
若誦滿三千遍當得阿那含果若誦滿四千
遍當得阿羅漢果若誦滿五千遍當得辟支
佛果若誦滿六千遍當得普賢地若滿七千
遍當得初地若滿八千遍當得第五地若滿
九千遍當得普門陁羅尼若十千遍當得不
動地若復滿十一千遍當得如来地成大人
相大師子吼
若復有人欲於現生成就功德大利益者應
脩故塔誦呪右遶滿百八遍心中所願无不
成滿時釋迦牟尼佛讚除蓋言善哉善哉
善男子汝能如是隨順如来所演呪法而助
宣說

[illegible]
法鎮閻浮提令一切衆生皆得解脫能於後
時作大佛事佛言執金剛主此大呪法若在
世時同如來在以其能作佛所作事少有所作
成大福聚況多功用所獲善根假使百千億
那由他恒沙諸佛說不能盡佛眼所見不可為
喻不可量不可說執金剛主言以何因緣少
用功力成大福聚佛言諦聽當為汝說若比
丘比丘尼尼優婆塞優婆夷欲得滿足大功
德聚當依前法書寫此四大陀羅尼呪法之
王各九十九本然後於佛塔前造一方壇牛
糞塗地於壇四角置香水滿瓶香鑪布列以
供養鉢盛香花水粳米置於壇上及三味食烏麻綠豆粳米和煮
并三白食各置瓶中布於壇上種種菓子數
滿九十九并四種食一切所須及諸香花皆

BD00759　無垢淨光大陀羅尼經

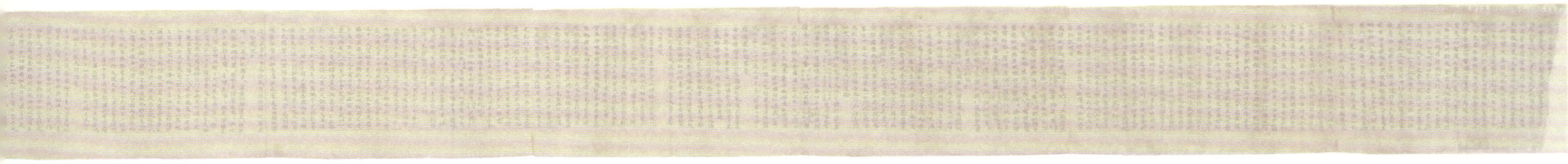

并三白食各置瓶中布於壇上種種菓子數
滿九十九并四種食一切所須及諸香花皆
置其上以陁羅尼呪置相輪橖中及塔四周
以呪王法置於塔內想十方佛至心誦念此
陁羅尼即說呪曰
南謨納婆納伐底喃怛他揭多俱胝喃一殑伽
地婆盧迦三摩喃二唵引三毗補麗毗末麗四鉢
囉伐麗五市耶上伐麗六薩囉薩囉七薩婆
怛他揭多馱都揭鞞八薩底丁取反地瑟恥帝
莎引訶九阿引耶夷我反下同咄都飯尼莎引訶十薩
婆提婆耶婆訶耶弭十一勃陁阿地瑟侘耶上
三摩也莎引訶
應燒香相續誦此陁羅尼呪二十八遍即時

彼塔及相輪橖亦有九十九億百千那由他
恒河沙諸佛皆至其處加持彼塔安佛舍利
由加持故令塔猶如大摩尼寶是人由此則
爲已造九十九億百千那由他諸大寶塔由
此當得廣大善根壽命延長身淨无垢衆病
悉除災障弥滅若見此塔者滅五逆罪聞塔
鈴聲消諸一切惡業捨身當生極樂世界若
有傳聞此塔名者當得阿鞞跋致下至鳥獸
得聞其聲離畜生趣永不復受當得廣大
福德之聚
若復有人欲得滿足六波羅蜜者當作方壇
先牛糞塗後以淨土而覆其上灑以香湯滑
淨塗拭五供養鉢置於壇上寫前四種陁羅
尼呪各九十九本手作塔滿九十九於此塔

淨塗拭五供養鉢置於壇上寫前四種陁羅
尼呪各九十九本手作小塔滿九十九於此塔
中各置一本其相輪呪還置小塔相輪橖中
行列壇上以諸香花供養右旋遶七遍誦
此陁羅尼曰
南謨納婆納伐底喃怛他揭多殑伽捺地婆
盧迦二 俱胝那庾多設多索訶薩囉喃三 唵
四引 普怖哩五 析里尼六 析哩慕上哩忽哩七 袪邏
跋上哩莎引訶
若依此法而受持者六波羅蜜悉皆成滿是
則同造九十九億百千那由他恒河沙等七
寶塔已是則供養九十九億百千那由他如來
應正等覺皆以諸天大供養雲種種莊嚴諸

恭恒念此善男女令其常行廣大善根福

之聚若有於此呪王如法書寫受持讀誦供

養恭敬佩於身上以呪威力擁護是人令諸

怨家及怨朋黨一切夜叉羅剎富單那等皆

於此人不能為惡各懷恐怖逃散諸方若有

得共彼人語之者得除滅五无間業若有得

聞此人語聲或在其影或觸其身令彼一切

宿障重罪皆得消除所有諸毒不能為害火

不能燒水不能漂厭禱邪魅不得其便雷電

霹靂无能驚嬈常為諸佛而共加持一切如

來安慰護念諸天善神增其勢力非餘呪術

之所能制是故應當於一切處求此呪法寫

已置於當路塔中令往來衆下至鳥獸蟻蝡

蟻子皆得永離一切地獄及諸惡趣生諸天

BD00759　無垢淨光大陀羅尼經

蟻子皆得永離一切地獄及諸惡趣生諸天
宮常憶宿命至不退轉
尒時佛告除蓋障菩薩摩訶薩執金剛主四
王帝釋梵天王等及其眷屬那羅延天摩醯
首羅等言善男子我以此呪法之王付囑汝
等應當守護住持擁衛以肩荷擔寶篋盛之
於後時中莫令斷絕應善執持應善覆護授
與後世一切衆生令得見聞離五无間
是時除蓋障菩薩執金剛主四王帝釋梵天
王那羅延摩醯首羅及天龍八部等咸礼佛
足同聲白言我等已蒙世尊如護授此呪法
及造塔法咸皆守護住持讀誦書寫供養
為護一切諸衆生故於後時分令彼衆生惓

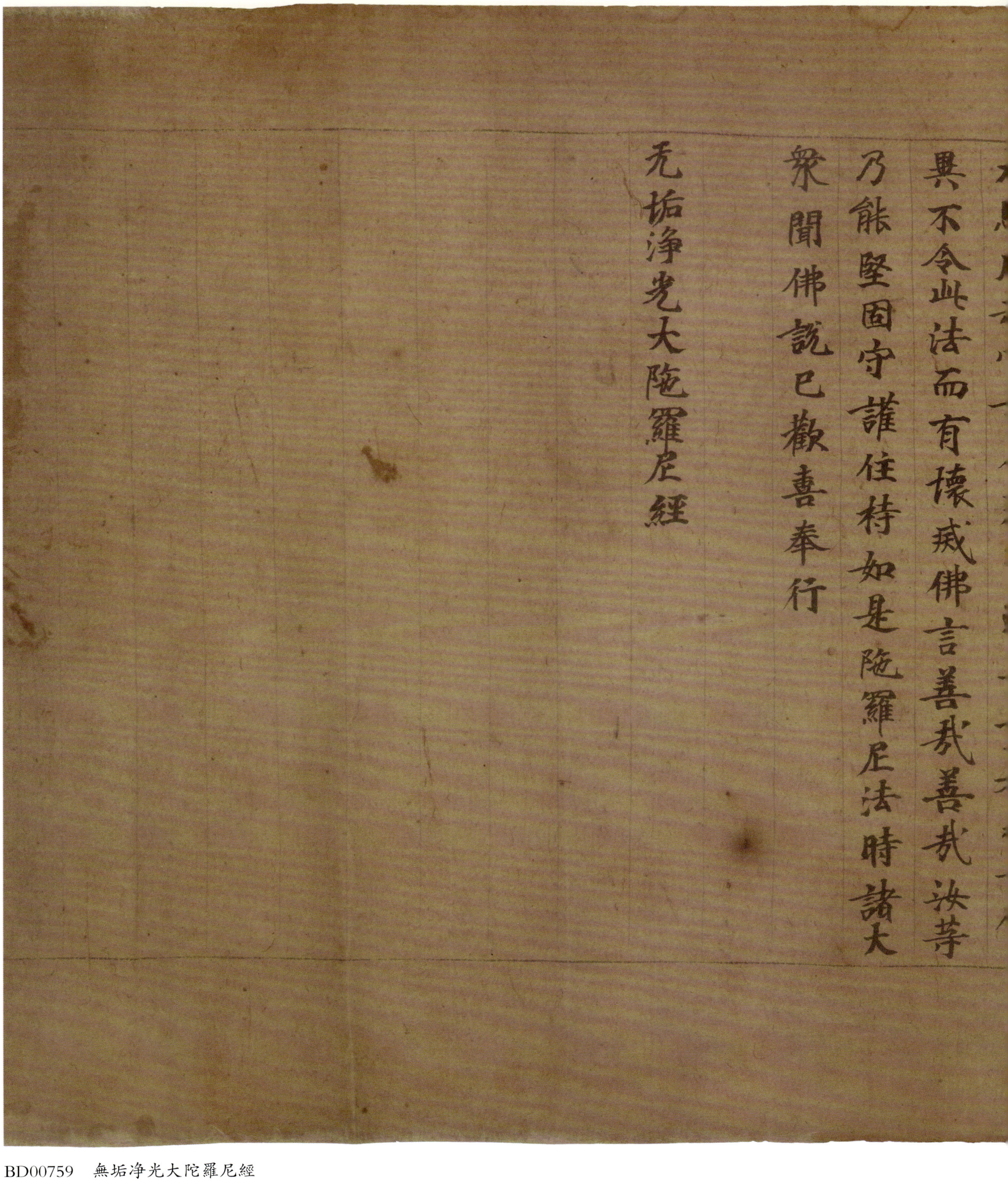

異不令此法而有壞滅佛言善哉善哉汝等
乃能堅固守護住持如是陁羅尼法時諸大
衆聞佛説已歡喜奉行

无垢淨光大陁羅尼經

BD00759　無垢淨光大陀羅尼經

无垢淨光大陁羅尼經

BD00760

維摩詰所説經卷中

（後秦）鳩摩羅什 譯

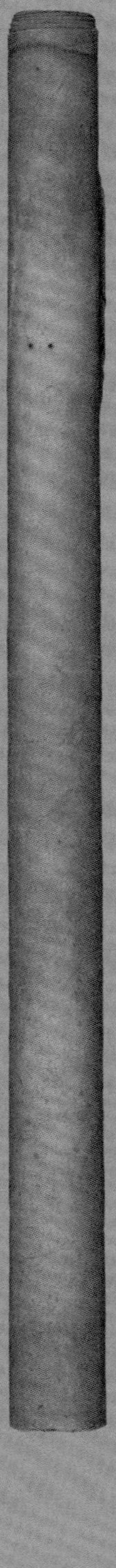

124cm × 26cm

妙意菩薩曰眼色為二若知眼性於色不貪
不恚不癡是名寂滅如是耳聲鼻香舌味身
觸意法二若知意性於不貪不恚不癡
是名寂滅安住其中是為入不二法門
无盡意菩薩曰布施迴向一切智為二布施
性即是迴向一切智性如是持戒忍辱精進禪
定智慧迴向一切智為二智慧性即是迴
向一切智性於其中入一相者是為入不二法
門
深慧菩薩曰是空是无相是无作為二空即
无相无相即无作若空无相作則无心意識
於一切解脫門即是三解脫門者是為入不

寂根菩薩
衆是三寶皆无為相與虛空等一切法亦尒
能隨此行者是為入不二法門
心无閡菩薩曰身身滅為二身即是身滅所以
者何見身實相者不起見身及見滅身身
與滅身无二无分別於其中不驚不懼者是
為入不二法門
上善菩薩曰身口意善為二是三業皆无作
相身无作相即口无作相口无作相即意无作
相是三業无相即一切法无作相能如是
隨无作慧者是為入不二法門
福田菩薩曰福行罪行不動行為二三行實
性即是空空則无福行无罪行无不動行於
此三行而不起者是為入不二法門

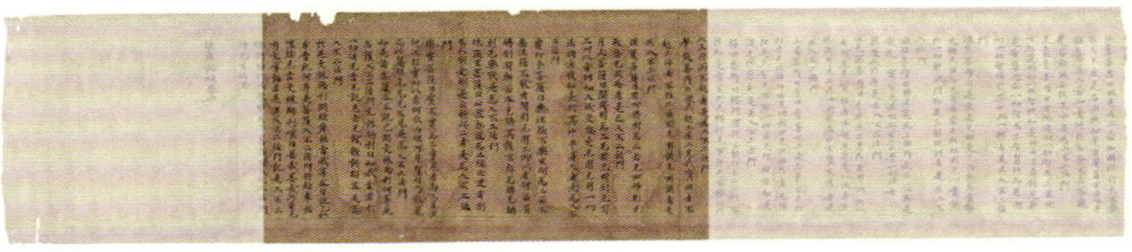

此三行而不起者是為入不二法門
華嚴菩薩曰從我起二為二見我實相者不
起二法若不住二法則无有識无所識者是
為入不二法門
德藏菩薩曰有所得相為二若无所得則无
取捨无取捨者是為入不二法門
月上菩薩曰闇與明為二无闇无明則无有
二所以者何如入滅受想定无闇无明一切
法相亦復如是於其中平等入者是為入不
二法門
寶印手菩薩曰樂涅槃不樂世間為二若不
樂涅槃不猒世間則无有二所以者何若有
縛則有解若本无縛其誰求解无縛无解

珠頂王菩薩曰正道邪道為二住正道者則
不分別是耶是正離此二者是為入不二法
門
樂實菩薩曰實不實為二實見者尚不見實
何況非實所以者何非肉眼所見慧眼乃能見
而此慧眼无見无不見是為入不二法門
如是諸菩薩各各說已問文殊師利何等是
菩薩入不二法門文殊師利曰如我意者於
一切法无言无說无示无識離諸問荅是為
入不二法門
於是文殊師利問維摩詰言我等各自說已仁
者當說何等是菩薩入不二法門時維摩詰
嘿然无言文殊師利歎曰善哉善哉乃至无
有文字語言是真入不二法門說是入不二

有文字語言是真入不二法門說是入不二
法門時於此衆中五千菩薩皆入不二法門
得无生法忍

維摩詰經卷中

BD00760　維摩詰所説經卷中

BD00761 維摩詰所說經卷中

（後秦）鳩摩羅什 譯

BD00761v 雜寫

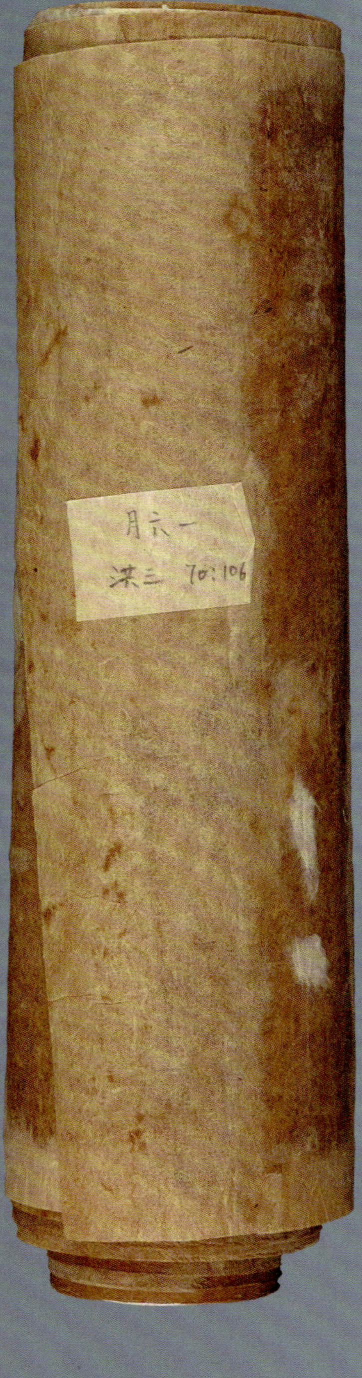

868cm × 25.5cm

一切并　……之作

切衆魔及諸外道皆吾侍
者樂生死菩薩於生死而不捨外道者樂諸
見菩薩於二見而動文殊師利言居士所
疾為何等相維摩詰言我病无形不可見又
問此病身合耶心合耶荅曰非身合身相離
亦非心合心如幻故又問地大水大火大
風大於此四大何大之病荅曰是病非地大
亦不離地大水火風大亦復如是而衆生病
從四大起以其有病是故我病尒時文殊師
利問維摩詰言菩薩云何慰喻有疾菩薩維
摩詰言說身无常不說猒離於身說身有苦
不說樂於涅槃說身无我而說教導衆生說
身空寂不說畢竟寂滅說悔先罪而不說入
[illegible]

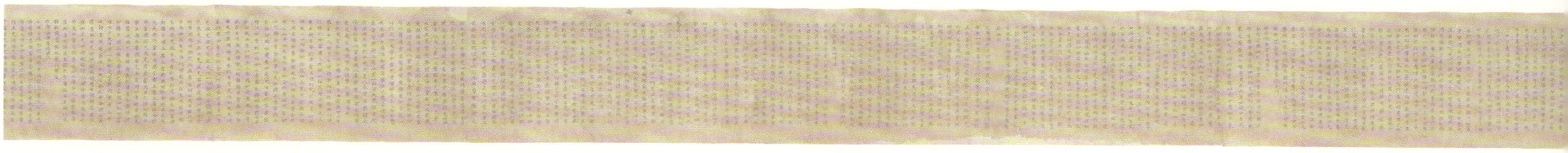

命勿生憂惱常起精進當作醫王療治衆
病菩薩應如是慰喻有疾菩薩令其歡喜文殊
師利言居士有疾菩薩云何調伏其心維摩
詰言有疾菩薩應作是念今我此病皆從前
世妄想顛倒諸煩惱生无有實法誰受病者
所以者何四大合故假名為身四大无主身
亦无我又此病起皆由著我是故於我不應
生著既知病本即除我想及衆生想當起法
想應作是念但以衆法合成此身起唯法起
滅唯法滅又此法者各不相知起時不言我
起滅時不言我滅彼有疾菩薩為滅法想當
作是念此法想者亦是顛倒顛倒者即是大
患我應離之云何為離離我我所云何離我
我所謂離二法云何離二法謂不念內外諸

我所謂離二法云何離二法謂不念内外諸
法行於平等云何平等謂我等涅槃等所以
者何我及涅槃此二皆空何以為空但以名
字故空如此二法无决定性得是平等无有
餘病唯有空病空病亦空是有疾菩薩以无
所受而受諸受未具佛法亦不滅受而取證
也設身有苦念惡趣衆生起大悲心我既調
伏亦當調伏一切衆生但除其病而不除法
為斷病本而教導之何謂病本謂有攀縁從
有攀縁則為病本何所攀縁謂之三界云何
斷攀縁以无所得若无所得則无攀縁何謂
无所得謂二見何謂二見謂内見外見是无所
得文殊師利是為有疾菩薩調伏其心為斷
老病死苦是菩薩菩提不如是已所脩治

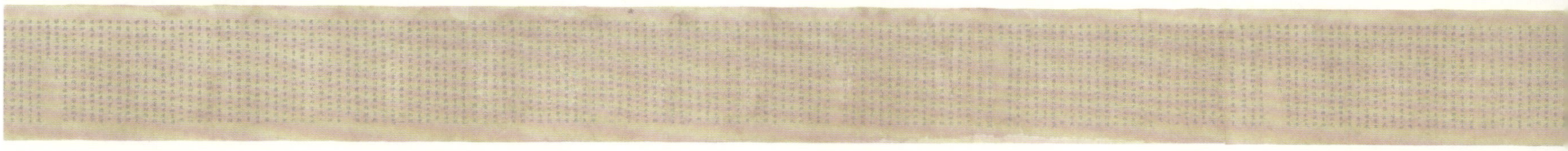

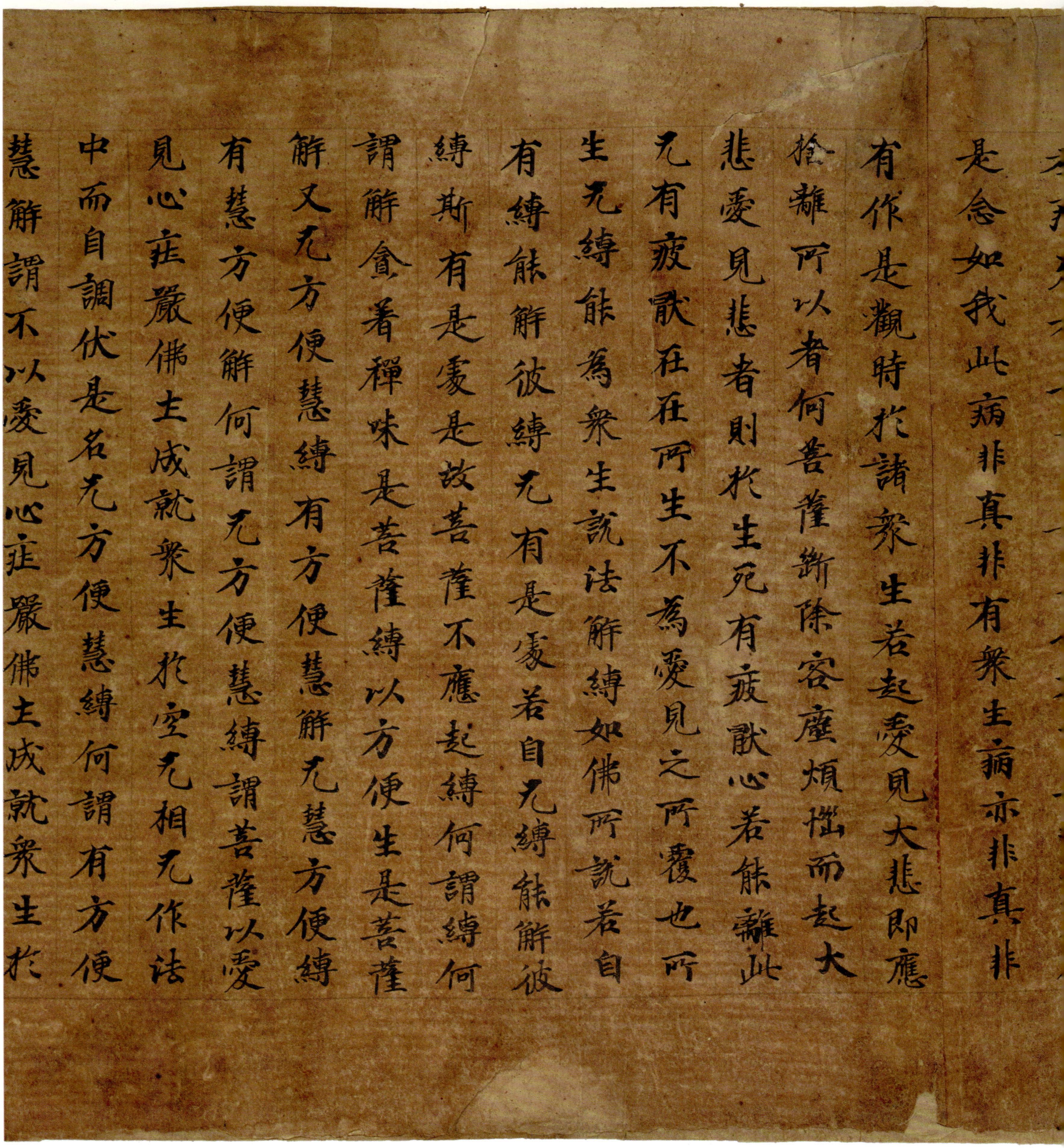

是念如我此病非真非有衆生病亦非真非
有作是觀時於諸衆生若起愛見大悲即應
捨離所以者何菩薩斷除客塵煩惱而起大
悲愛見悲者則於生死有疲猒心若能離此
无有疲猒在在所生不爲愛見之所覆也所
生无縛能爲衆生説法解縛如佛所説若自
有縛能解彼縛无有是處若自无縛能解彼
縛斯有是處是故菩薩不應起縛何謂縛何
謂解貪著禪味是菩薩縛以方便生是菩薩
解又无方便慧縛有方便慧解无慧方便縛
有慧方便解何謂无方便慧縛謂菩薩以愛
見心莊嚴佛土成就衆生於空无相无作法
中而自調伏是名无方便慧縛何謂有方便
慧解謂不以愛見心莊嚴佛土成就衆生於

慧解謂不以愛見心莊嚴佛土成就衆生於
空无相无作法中以自調伏而不疲猒是名
有方便慧解何謂无慧方便縛謂菩薩住貪
欲瞋恚邪見等諸煩惱而殖衆德本是名无
慧方便縛何謂有慧方便解謂離諸貪欲瞋
恚邪見等諸煩惱而殖衆德本迴向阿耨多
羅三藐三菩提是名有慧方便解文殊師利
彼有疾菩薩應如是觀諸法又復觀身无常
苦空无我是名為慧雖身有疾常在生死饒
益一切而不猒惓是名方便又復觀身身不
離病病不離身是病是身非新非故是名為
慧設身有疾而不永滅是名為便文殊師利
有疾菩薩應如是調伏其心不住其中亦復
不住不調伏心所以者何若住不調伏心是過

於生死不為汙行住於涅槃不永滅度是
菩薩行非凡夫行非賢聖行是菩薩行非垢
行非淨行是是菩薩行雖過魔行而現降伏衆
魔是菩薩行求一切智无非時求是菩薩行雖
觀諸法不生而不入正位是菩薩行雖觀十
二緣起而入諸邪見是菩薩行雖攝一切衆
生而不愛著是菩薩行雖樂遠離而不依身
心盡是菩薩行雖行三界而不壞法性是菩
薩行雖行於空而殖衆德本是菩薩行雖行
无相而度衆生是菩薩行雖行无作而現受
身是菩薩行雖行无起而起一切善法是菩薩
行雖行六波羅蜜而遍知衆生心心數法是
菩薩行雖行六通而不盡漏是菩薩行雖行
四无量心而不貪著生於梵世是菩薩行雖

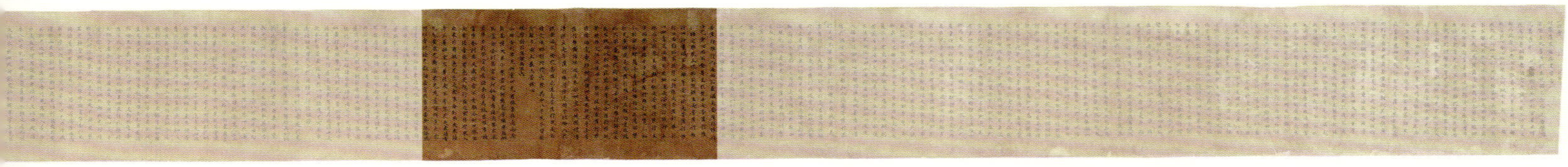

菩薩行雖行六通而不盡漏是菩薩行雖行
四无量心而不貪着生於梵世是菩薩行雖
行禪定解脫三昧而不隨禪生是菩薩行雖
行四念處而不永離身受心法是菩薩行雖
行四正勤而不捨身心精進是菩薩行雖行
四如意足而得自在神通是菩薩行雖行五
根而分別衆生諸根利鈍是菩薩行雖行五
力而樂求佛十力是菩薩行雖行七覺分而
分別佛之智慧是菩薩行雖行八正道而樂
行无量佛道是菩薩行雖行止觀助道之法
而不畢竟墮於寂滅是菩薩行雖行諸法不
生不滅而以相好莊嚴其身是菩薩行雖現
聲聞辟支佛威儀而不捨佛法是菩薩行雖
隨諸法究竟淨相而隨所應為現其身是菩

涅槃而不捨於菩薩之道是菩薩行說是語
時文殊師利所將大衆其中八千天子皆發
阿耨多羅三藐三菩提心

維摩詰不思議品第六

尒時舍利弗見此室中无有床坐作是念斯
諸菩薩大弟子衆當於何坐長者維摩詰知
其意語舍利弗言云何仁者為法来耶求床
坐耶舍利弗言我為法来非為床坐維摩詰
言唯舍利弗夫求法者不貪軀命何況床坐
夫求法者非有色受想行識之求非有界入
之求非有欲色无色之求唯舍利弗夫求法
者不著佛求不著法求不著衆求夫求法者
无見苦求无斷集求无造盡證脩道之求
所以者何法无戲論若言我當見苦斷集證滅

无見苦求无斷集求无造盡證脩道之求
所以者何法无戲論若言我當見苦斷集證滅
脩道是則戲論非求法也唯舍利弗法名寂
滅若行生滅是求生滅非求法也法名无染
若染於法乃至涅槃是則染着非求法也法
无行處若行於法是則行處非求法也法无
取捨若取捨法是則取捨非求法也法无處
所若着處所是則着處非求法也法名无相
若隨相識是則求相非求法也法不可住若
住於法是則住法非求法也法不可見聞覺
知若行見聞覺知是則見聞覺知非求法也
法名无為若行有為是求有為非求法也是
故舍利弗若求法者於一切法應无所求說
是法時五百天子於諸法中得法眼淨

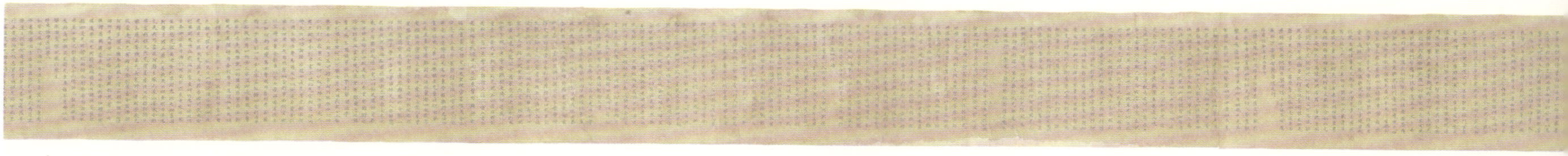

德成就師子之座文殊利言居士東方度
三十六恒河沙國有世界名須弥相其佛号
須弥燈王今現在彼佛身長八万四千由旬
其師子座高八万四千由旬嚴飾第一於是
長者維摩詰現神通力即時彼佛遣三万二
千師子之座高廣嚴淨来入維摩詰室諸菩
薩大弟子釋梵四天王等昔所未見其室廣
博悉皆苞容三万二千師子座无所妨礙於毗
耶離城及閻浮提四天下亦不迫迮悉見如故
尒時維摩詰語文殊師利就師子座與諸菩
薩上人俱坐當自立身如彼坐像其得神通
菩薩即自變形為四万二千由旬坐師子座
諸新發意菩薩及大弟子皆不能昇尒時維
摩詰語舍利弗就師子坐舍利弗言居士此

BD00761　維摩詰所説經卷中

諸新發意菩薩及大弟子皆不能昇尒時維
摩詰語舍利弗就師子坐舍利弗言居士此
座高廣吾不能昇維摩詰言唯舍利弗為須
弥燈王如来作礼乃可得坐於是新發意菩
薩及大弟子即為須弥燈王如来作礼便得
坐師子座舍利弗言居士未曾有也如是小
室乃容受此高廣之座於毗耶離城无所妨
礙又於閻浮提聚落城邑及四天下諸天龍
王鬼神宮殿亦不迫迮維摩詰言唯舍利弗
諸佛菩薩有解脫名不可思議若菩薩住是
解脫者以須弥之高廣內芥子中无所增減
須弥山王本相如故而四天王忉利諸天不覺
不知己之所入唯應度者乃見須弥入芥子
中是名不可思議解脫法門又以四大海
入一毛孔不嬈魚鼈黿鼉水性之屬而彼

知已之所入於此衆生亦无所嬈又舍利弗
住不可思議解脫菩薩斷取三千大世界
如陶家輪着右掌中擲過恒河沙世界之外
其中衆生不覺不知已之所往又復還置本
處都不使人有往來想而此世界本相如故
又舍利弗或有衆生樂久住世而可度者菩
薩即演七日以爲一劫令彼衆生謂之一劫
或有衆生不樂久住而可度者菩薩促即一
劫以爲七日令彼衆生謂之七日又舍利弗
住不可思議解脫菩薩以一切佛土嚴飾之
事集在一國示於衆生又菩薩以一佛土衆
生置之右掌飛到十方遍示一切而不動本
處又舍利弗十方衆生供養諸佛之具菩薩
於一毛孔皆令得見又十方國土所有日月

BD00761　維摩詰所説經卷中

處又舍利弗十方衆生供養諸佛之具菩薩
於一毛孔皆令得見又十方國土所有日月
星宿於一毛孔普使見之又舍利弗十方世界
所有諸風菩薩悉能吸著口中而身无損外
諸樹木亦不摧折又十方世界劫盡燒時以
一切火内於腹中火事如故而不為害又於
下方過恒河沙等諸佛世界一佛土舉著
上方過恒河沙无數世界如持針鋒舉一棗
葉而无所嬈又舍利弗住不可思議解脫菩
薩能以神通現作佛身或現辟支佛身或
現聲聞身或現帝釋身或現梵王身或現
世主身或現轉輪王身又十方世界所有衆聲
上中下音皆能變之令作佛聲演出无常苦
空无我之音及十方諸佛所説種種之法皆

大迦葉聞說菩薩不可思議解脫法門嘆未
曾有謂舍利弗譬如有人於盲者前現衆色
像非彼所見一切聲聞聞是不可思議解脫法
門不能解了為若此也智者聞是其誰不發
阿耨多羅三藐三菩提心我等何為永絕其
根於此大乘猶如敗種一切聲聞聞是不可思
議解脫法門皆應號泣聲震三千大千世
界一切菩薩應大欣慶頂受此法若有菩薩
信解此不可思議解脫法門者一切魔衆无如
之何大迦葉說是語時三萬二千天子皆發阿
耨多羅三藐三菩提心尒時維摩詰語大
迦葉仁者十方无量阿僧祇世界中作魔王
者多是住不可思議解脫菩薩以方便力教
化衆生現作魔王又迦葉十方无量菩薩或

者多是住不可思議解脫菩薩以方便力教
化衆生現作魔王又迦葉十方无量菩薩或
有人從乞手足耳鼻頭目髓腦血肉皮骨聚
落城邑妻子奴婢象馬車乘金銀瑠璃車𤦲
馬瑙珊瑚虎珀真珠珂貝衣服飲食如此乞
者多是住不可思議解脫菩薩以方便力而
往試之令其堅固所以者何住不可思議解
脫菩薩有威德力故行逼迫示諸衆生如是
難事凡夫下劣无有力勢不能如是逼迫菩
薩譬如龍象蹴踏非驢所堪是名住不可思
議解脫菩薩智慧方便之門

維摩詰觀衆生品第七

尒時文殊師利問維摩詰言菩薩云何觀於
衆生維摩詰言譬如幻師見所幻人菩薩觀
衆生為若此如智者見水中月如鏡中見其

沫如水上泡如芭蕉堅如電久住如第五大
如第六陰如第七情如十三入如十九界菩
薩觀眾生為若此如无色界色如燋穀牙如
須陁洹身見如阿那含入胎如阿羅漢三毒
如得忍菩薩貪恚毀禁如佛煩惱習如盲者
見色如入滅盡定出入息如空中鳥跡如石
女兒如化人煩惱如夢所見已寤如滅度者
受身如无烟之火菩薩觀眾生為若此也
文殊師利言若菩薩作是觀者云何行慈　維摩
詰言菩薩作是觀已自念我當為眾生說
如斯法是則真實慈也行寂滅慈无所生故
行不熱慈无煩惱故行等之慈等三世故行
无諍慈无所起故行不二慈內外不合故行
不壞慈畢竟盡故行堅固慈心无毀故行清

无諍慈无所起故行不二慈内外不合故行
不壞慈畢竟盡故行堅固慈心无毁故行清
淨故諸法性淨故行无邊慈如虚空故行阿
羅漢慈破結賊故行菩薩慈安衆生故行如
来慈得如相故行佛之慈覺衆生故行自然
慈无因得故行菩提慈等一味故行无等慈
斷諸愛故行大悲慈導以大乘故行无猒
慈觀空无我故行法施慈无遺惜故行持戒慈化
毁禁故行忍辱慈護彼我故行精進慈荷負
衆生故行禪定慈不受味故行智慧慈无不
知時故行方便慈一切示現故行无隱慈直
心清淨故行深心慈无雜行故行无誑慈不
虚假故行安樂慈令得佛樂故菩薩之慈為
若此也
文殊師利又問何謂為悲答曰菩薩所作功德

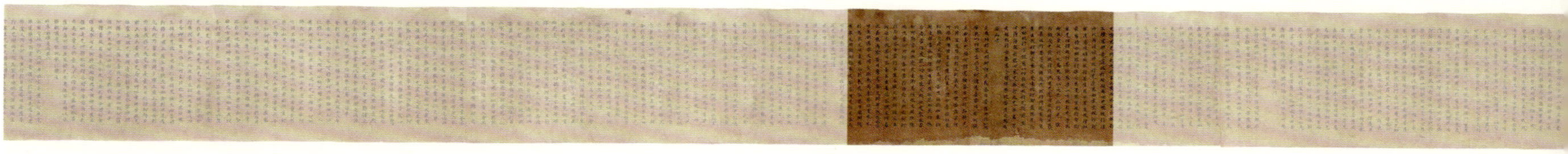

益歡喜无悔何謂爲捨荅曰所作福祐无
所悕望文殊師利又問生死有畏菩薩當何
所依維摩詰言菩薩於生死畏中當依如来
功德之力文殊師利又問菩薩欲依如来功
德之力當依何住荅曰菩薩欲依如来功德
力者當住度脫一切衆生又問欲度衆生當
何所除荅曰欲度衆生除其煩惱又問欲除
煩惱當何所行荅曰當行正念又問云何行
於正念荅曰當行不生不滅又問何法不生
何法不滅荅曰不善不生善法不滅又問善
不善孰爲本荅曰身爲本又問身孰爲本荅
曰貪欲爲本又問貪欲孰爲本荅曰虗妄分
別爲本又問虗妄分別孰爲本荅曰顛倒想
爲本又問顛倒想孰爲本荅曰无住爲本又

別為本又問虛妄分別孰為本答曰顛倒想
為本又問顛倒想孰為本答曰无住為本又
問无住孰為本答曰无住則无本文殊師利
從无住本立一切法
時維摩詰室有一天女見諸大人聞所說法
便現其身即以天華散諸菩薩大弟子上華
至諸菩薩即皆墮落至大弟子便著不墮一
切弟子神力去華不能令去尒時天問舍利
弗何故去華答曰此華不如法是以去之天
曰勿謂此華為不如法所以者何是華无所
分別仁者自生分別想耳若於佛法出家有
所分別為不如法若无分別是則如法觀諸
菩薩華不著者以斷一切分別想故譬如人
畏時非人得其便如是弟子畏生死故色聲
香味觸得其便已離畏者一切五欲无能為

也舍利弗言天止此室其已久如荅曰我止此室
如耆年解脱舍利弗言止此久也天曰耆年
解脱亦何如久舍利弗嘿然不荅天曰 如
何耆舊大智如嘿荅曰解脱者无所言說
故吾於是不知所云天曰言說文字皆解脱相
所以者何解脱者不内不外不在兩間文字
亦不内不外不在兩間是故舍利弗无離文
字說解脱也所以者何一切諸法是解脱相
舍利弗言不復以離婬怒癡為解脱乎天曰
佛為增上慢人說離婬怒癡為解脱耳若无
增上慢者佛說婬怒癡性即是解脱舍利弗
言善哉善哉天女汝何所得以何為證辯乃
如是天曰我无得无證故辯如是所以者何
若有得有證者則於佛法為增上慢

如是天日我无得无證故辯如是所以者何
若有得有證者則於佛法爲增上慢
舍利弗問天汝於三乘爲何志求天日以聲
聞法化衆生故我爲聲聞以因緣法化衆生
故我爲辟支佛以大悲化衆生故我爲大乘
舍利弗如人入瞻蔔林唯嗅瞻蔔不嗅餘香
如是若入此室但聞佛功德之香不樂聲聞
辟支佛功德香也舍利弗其釋梵四天王諸
天龍鬼神等入此室者聞斯上人講説正法
皆樂佛功德之香發心而出舍利弗吾止此
室十有二年初不聞説聲聞辟支佛法但聞
菩薩大慈大悲不可思議諸佛之法舍利弗
此室常現八未曾有難得之法何等爲八此
室常以金色光照晝夜无異不以月日所照

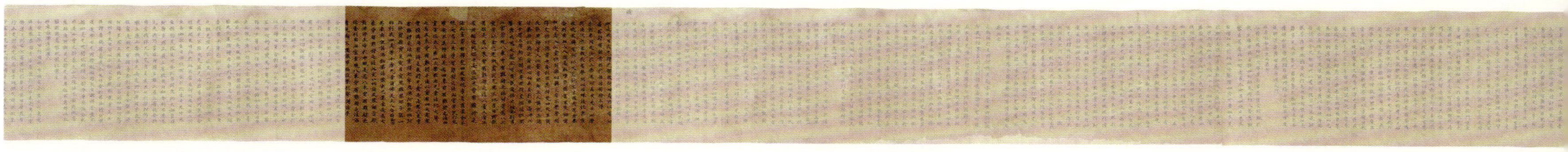

法此室常有釋梵四天王他方菩薩来會不
絶是為三未曾有難得之法此室常說六波
羅蜜不退轉法是為四未曾有難得之法此
室常作天人第一之樂絃出无量法化之聲
是為五未曾有難得之法此室有四大藏衆
寶積満周窮濟乏求得无盡是為六未曾
有難得之法此室釋迦牟尼佛阿弥陁佛阿
閦佛寶德寶炎寶月寶嚴難勝師子響一
切利成如是等十方无量諸佛是上人念時即皆
為来廣說諸佛秘要法藏說已還去是為七
未曾有難得之法此室一切諸天嚴飾宮殿
諸佛淨土皆於中現是為八未曾有難得之
法舍利弗此室常現八未曾有難得之法誰
有見斯不思議事而復樂於聲聞法乎

BD00761　維摩詰所說經卷中

法舍利弗此室常現八未曾有難得之誰
有見斯不思議事而復樂於聲聞法乎
舍利弗言汝何以不轉女身天曰我從十二年
來求女人相了不可得當何所轉譬如幻師
化作幻女若有人問何以故不轉女身是人
為正問不舍利弗言不也幻无定相當何所
轉天曰一切諸法亦復如是无有定相云何
乃問不轉女身即時天女以神通力變舍利
弗令如天女天自化身如舍利弗而問言何
以不轉女身舍利弗以天女像而荅言我今
不知何轉而變為女身天曰舍利弗若能
轉此女身則一切女人亦當能轉如舍利弗非
女而現女身一切女人亦復如是雖現女身
而非女也是故佛說一切諸法非男非女即
時天女還攝神力舍利弗身還復如故天問

色相无在无不在天曰一切諸法亦復如是
无在无不在夫无在无不在者佛所說也舍
利弗問天曰汝於此沒當生何所天曰佛化所
生吾如彼生曰佛化所生非沒生也天曰衆
生猶然无沒生也舍利弗問天汝久如當得
阿耨多羅三藐三菩提天曰如舍利弗還爲
凡夫我乃當成阿耨多羅三藐三菩提舍利
弗言我作凡夫无有是處天曰我得阿耨多
羅三藐三菩提亦无是處所以者何菩提无
住處是故无有得者舍利弗言今諸佛得
阿耨多羅三藐三菩提已得當得如恒河沙皆
謂何乎天曰皆以世俗文字數故說有三世
非謂菩提有去來今天曰舍利弗汝得阿羅
漢道耶曰无所得故而得天曰諸佛菩薩亦

BD00761　維摩詰所說經卷中

非謂菩提有去來今天曰舍利弗汝得阿羅
漢道耶曰无所得故而得天曰諸佛菩薩亦
復如是无所得故而得尒時維摩詰語舍利
弗是女曾已供養九十二億佛已能遊戲菩
薩神通所願具足得无生忍住不退轉以本
願故隨意能現教化衆生

維摩詰佛道品第八

尒時文殊師利問維摩詰言菩薩云何通達
佛道維摩詰言若菩薩行於非道是爲通達
佛道又問云何菩薩行於非道荅曰若菩薩
行五无間而无惱恚至于地獄无諸罪垢至
于畜生无有无明憍慢等過至于餓鬼而具
足功德行色无色界道不以爲勝示行貪欲
離諸染著示行瞋恚於諸衆生无有恚閡示
行愚癡而以智慧調伏其心示行慳貪而捨

內外所有不惜身命示行毀禁而安住淨戒
乃至小罪猶懷大懼示行瞋恚而常慈忍示
行懈怠而勤修功德示行亂意而常念定示
行愚癡而通達世間出世間慧示行諂偽而
善方便隨諸經義示行憍慢而於衆生猶如
橋梁示行諸煩惱而心常清淨示入於魔而
順佛智慧不隨他教示入聲聞而為衆生說
未聞法示入辟支佛而成就大悲教化衆生
示入貧窮而有寶手功德无盡示入形殘而
具諸相好以自莊嚴示入下賤而生佛種姓
中具諸功德示入羸劣醜陋而得那羅延身
一切衆生之所樂見示入老病而永斷病根
超越死畏示有資生而恒觀无常實无所貪
示有妻妾綵女而常遠離五欲淤泥現於
訥鈍而成就辯才總持无失示入邪濟而以正

示有妻妾婇女而常遠離五欲淤泥現於
訥鈍而成就辯才揔持无失示入邪濟而以正
濟度諸衆生現遍入諸道而斷其因緣現於
涅槃而不斷生死文殊師利菩薩能如是行
於非道是為通達佛道
於是維摩詰問文殊師利何等為如來種文
殊師利言有身為種无明有愛為種貪恚癡
為種四顛倒為種五蓋為種六入為種七識
處為種八邪法為種九惱處為種十不善道
為種以要言之六十二見及一切煩惱皆是
佛種曰何謂也答曰若見无為入正位者不
能復發阿耨多羅三藐三菩提心譬如高原
陸地不生蓮華卑濕淤泥乃生此華如是見
无為法入正位者終不復能生於佛法煩惱
泥中乃有衆生起佛法耳又如殖種於空終

不得生糞壤之地乃能滋茂如是入无為正
位者不生佛法起於我見如須弥山猶能發
于阿耨多羅三藐三菩提心生佛法矣是故當
知一切煩惱為如來種譬如不入巨海則不能
得无價寶珠如是不入煩惱大海則不能得
一切智寶
尒時大迦葉歎言善哉善哉文殊師利快說
此語誠如所言塵勞之疇為如來種我等今
者不復堪任發阿耨多羅三藐三菩提心乃
至五无間罪猶能發意生於佛法而今我等
永不能發譬如根敗之士其於五欲不能復
利如是聲聞諸結斷者於佛法中无所復益
永不志願是故文殊師利凡夫於佛法有反
覆而聲聞无也所以者何凡夫聞佛法能起
无上道心不斷三寶正使聲聞終身聞佛

覆而聲聞无也所以者何凡夫聞佛法能起
无上道心不斷三寶正使聲聞終身聞佛
法力无所畏等永不能發无上道意尒時會中
有菩薩名普現色身問維摩詰言居士父母
妻子親戚眷屬吏民知識悉為是誰奴婢僮
僕象馬車乘皆何所在於是維摩詰以偈荅曰
智度菩薩母　方便以為父　一切衆導師　无不由是生
法喜以為妻　慈悲心為女　善心誠實男　畢竟空寂舍
弟子衆塵勞　隨意之所轉　道品善知識　由是成正覺
諸度法等侶　四攝為伎女　歌詠誦法言　以此為音樂
揔持之園苑　无漏法林樹　覺意淨妙華　解脫智慧果
八解之浴池　定水湛然滿　布以七淨華　浴此无垢人
像馬五通馳　大乘以為車　調御以一心　遊於八正路
相具以嚴容　衆好飾其姿　慚愧之上服　深心為華鬘
富有七財寶　教授以滋息　如所說修行　迴向為大利

四禪為牀座　從於淨命生　多聞增智慧　以為自覺音
甘露法之食　解脫味為漿　淨心以澡浴　戒品為塗香
摧滅煩惱賊　勇健无能踰　降伏四種魔　勝幡建道場
雖知无起滅　示彼故有生　悉現諸國土　如日无不見
供養於十方　无量億如來　諸佛及己身　无有分別想
雖知諸佛國　及與衆生空　而常脩淨土　教化於群生
諸有衆生類　形聲及威儀　无畏力菩薩　一時能盡現
覺知衆魔事　而示隨其行　以善方便智　隨意皆能現
或示老病死　成就諸群生　了知如幻化　通達无有閡
或現劫燒盡　天地皆洞然　衆人有常想　照令知无常
无數億衆生　俱來請菩薩　一時到其舍　化令向佛道
經書禁呪術　工巧諸伎藝　盡現行此事　饒益諸群生
世間衆道法　悉於中出家　因以解人惑　而不墮邪見
或作日月天　梵王世界主　或時作地水　或現作風火
劫中有疾疫　現作諸藥草　若有服之者　除病消衆毒

或作日月天　梵王世界主　或時作地水　或現作風火
劫中有疾疫　現作諸藥草　若有服之者　除病消衆毒
劫中有飢饉　現身作飲食　先救彼飢渴　却以法語人
劫中有刀兵　為之起慈悲　化彼諸衆生　令住无諍地
若有大戰陣　立之以等力　菩薩現威勢　降伏使和安
一切國土中　諸有地獄苦　輙往到於彼　勉濟其苦惱
一切國土中　畜生相食噉　皆現生於彼　為之作利益
示受於五欲　亦復現行禪　令魔心憒亂　不能得其便
火中生蓮華　是可為希有　在欲而行禪　希有亦如是
或現作婬女　引諸好色者　先以欲鉤牽　後令入佛智
或為邑中主　或作商人道　國師及大臣　以祐利衆生
諸有貧窮者　現作无盡藏　因以勸導之　令發菩提心
我心憍慢者　為現大力士　消伏諸貢高　令住佛上道
其有恐懼衆　居前而慰安　先施以无畏　後令發道心
或現離婬欲　為五通仙人　開導諸群生　令住戒忍慈

隨彼之所須　得入於佛道　以善方便力　皆能給足之
如是道无量　所行无有崖　智慧无邊際　度脫无數衆
假令一切佛　於无量億劫　讚歎其功德　猶上不能盡
誰聞如是語　不發菩提心　除彼不肖人　癡冥无智者

維摩詰入不二法門品第九

尒時維摩詰謂衆菩薩言諸仁者云何菩薩入不二法門各隨所樂說之會中有一菩薩名法自在說言諸仁者生滅為二法本不生今則无滅得此无生法忍是為入不二法門

德首菩薩曰我我所為二因有我故便有我所若无有我則无我所是為入不二法門

不眴菩薩曰受不受為二若法不受則不可得以不可得故无取无捨无作无行是為入不二法門

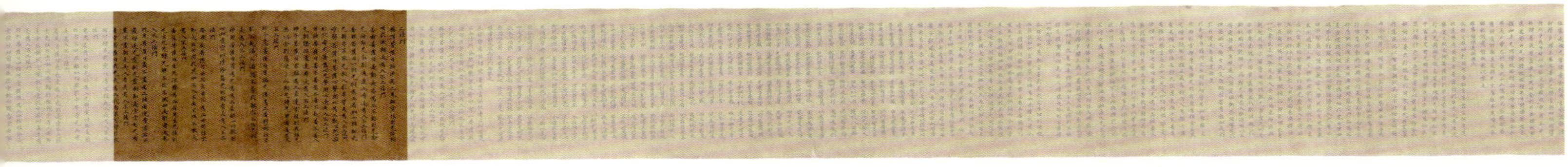

二法門
德頂菩薩曰垢淨為二見垢實性則无淨相
順於滅相是為入不二法門
善宿菩薩曰是動是念為二不動則无念
无念即无分別通達此者是為入不二法門
善眼菩薩曰一相无相為二若知一相即是
无相亦不取无相入於平等是為入不二法門
妙臂菩薩曰菩薩心聲聞心為二觀心相空如
幻化者无菩薩心无聲聞心是為入不二法門
弗沙菩薩曰善不善為二若不起善不善入
无相際而通達者是為入不二法門
師子菩薩曰罪福為二若達罪性則與福无
異以金剛慧決了此相无縛无解者是為入
不二法門

則不起漏不漏相不著於相亦不住无相
是爲入不二法門
淨解菩薩曰有爲无爲爲二若離一切數則
心如虛空以清淨慧无所閡者是爲入不二
法門
那羅延菩薩曰世間出世間爲二世間性空
即是出世間於其中不入不出不溢不散是
爲入不二法門
善意菩薩曰生死涅槃爲二若見生死性則
无生死无縛无解不然不滅如是解者是爲
入不二法門
現見菩薩曰盡不盡爲二法若究竟盡若不
盡皆是无盡相无盡相即是空空則无有
盡不盡相是是入者是爲入不二法門
普守菩薩曰我无我爲二我尚不可得非我

盡不盡相是是入者是爲入不二法門
普守菩薩曰我无我爲二我尚不可得非我
何可得見我實性者不復起二是爲入不二
法門
電天菩薩曰明无明爲二无明實性即是明
明亦不可取離一切數於中平等无二者
是爲入不二法門
喜見菩薩曰色色空爲二色則是空非色滅
空色性自空如是受想行識識空爲二識即
是空非識滅空識性自空於中其而通達者
是爲入不二法門
明相菩薩曰四種異空種異爲二四種性即是
空種性如前際後際空故中際亦空若能
如是知諸種性者是爲入不二法門
妙意菩薩曰眼色爲二若知眼性於色不貪

不恚不癡是名寂滅如是耳聲鼻香舌味身
觸意法為二若知意性於法不貪不恚不癡
是名寂滅安住其中是為入不二法門
无盡意菩薩曰布施迴向一切智為二布施
性即是迴向一切智性如是持戒忍辱精進
禪定智慧迴向一切智為二智慧性即是迴
向一切智性於其中入一相者是為入不二
法門
深慧菩薩曰是空是无相是无作為二空即
无相无相即无作若空无相无作則无心意
識於一解脫門即是三解脫門者是為入不
二法門
寂根菩薩曰佛法眾為二佛即是法法即是
眾是三寶皆无為相與虛空等一切法亦尒
能隨此行者是為入不二法門

能隨此行者是爲入不二法門
心无閡菩薩曰身身滅爲二身即是身滅所
以者何見身實相者不起見身及以滅身身
與滅身无二无分別於其中不驚不懼者是
爲入不二法門
上善菩薩曰身口意善爲二是三業皆无作
相身无作相即口无作相口无作相即意无
作相是三業无作相即一切法无作相能如
是隨无作慧者是爲入不二法門
福田菩薩曰福行罪行不動行爲二三行實
性即是空空則无福行无罪行无不動行於
此三行而不起者是爲入不二法門
華嚴菩薩曰從我起二爲二見我實相者不
起二法若不住二法則无有識无[illegible]

BD00761v　雜寫

BD00762 大般若波羅蜜多經卷五四二

（唐）玄奘 譯

BD00762v 雜寫

386.7cm × 26.9cm

大般若波羅蜜多經卷第五百卌二

第四分福門品第五之二　　三藏法師玄奘奉　詔譯

復次憍尸迦若善男子善女人等教贍部洲一
切有情皆令住預流果或一來果或不還
果或阿羅漢果於意云何是善男子善女人
等由此因緣得福多不天帝釋言甚多世尊
甚多善逝佛告天帝釋言有善男子
善女人等於深般若波羅蜜多以清淨心恭敬
信受為求无上正等菩提書寫施他復為解
說於深義趣[illegible]受教誡諸有情言
汝應勤脩其善[illegible]誦深般若波羅蜜多若
能精勤脩學此道疾證无上正等菩提扶濟
[illegible]

甚多於前何以故憍尸迦一切預流一来不還
阿羅漢果皆是般若波羅蜜多所流出故彼
善男子善女人等聞深般若波羅蜜多教
受教誡精勤循學漸次圓滿一切佛法乃至
證得一切智智化諸有情令得預流一来不
還阿羅漢果獨覺菩提趣入菩薩正性離生
乃至證得佛菩提故復次憍尸迦置瞻部洲
一切有情若善男子善女人等教四大洲一
切有情皆令住預流果或一来果或不還果
或阿羅漢果於意云何乃至廣說復次憍尸
迦置四大洲一切有情若善男子善女人等
教小千界一情皆令住預流果或一来
果或不還或阿羅漢果於意云何乃至廣

果或不還或阿羅漢果於意云何乃至廣
說復次憍尸迦置小千界一切有情若善男
子善女人等教中千界一切有情皆令住預
流果或一來果或不還果或阿羅漢果於意
云何乃至廣說復次憍尸迦置中千界一切
有情若善男子善女人等教大千界一切有
情皆令住預流果或一來果或不還果或阿
羅漢果於意云何乃至廣說復次憍尸迦置
大千界一切有情若男子善女人等 教化
十方各如殑伽沙等世界一情 有 令 住
預流果或一來果或不還果或阿羅漢果於意
云何是善男子善女人等由此因緣得福 多
不天帝釋言甚多世尊甚多善逝佛告
天帝釋言有善男子善女人等於深般若

疑惑教受教誡諸有情言汝應勤脩真菩薩
道謂深般若波羅蜜多若能精勤脩學此道
疾證无上正等菩提拔濟无邊諸有情類令
證實際諸漏永盡入无餘依般涅槃界是善
男子善女人等所獲福聚甚多於前何以故
憍尸迦一切預流一來不還阿羅漢果皆是
般若波羅蜜多所流出故彼善男子善女人等
聞深般若波羅蜜多教受教誡精勤脩學漸
次圓滿一切佛法乃至證得一切智智化有
情類令得預流一來不還阿羅漢果獨覺菩
提趣入菩薩正性離生乃至證得佛菩提故
復次憍尸迦若善男子善女人等教贍部洲
一切有情皆令安住獨覺菩提於意云何是
善男子善女人等由此因緣得福多不天帝

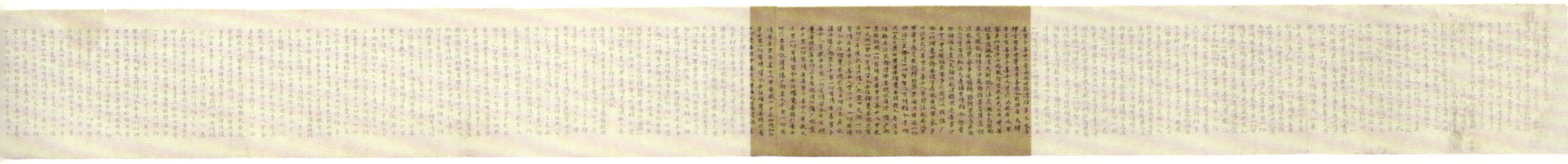

善男子善女人等由此因緣得福多不天帝
釋言甚多世尊甚多善逝佛告天釋
帝言有善男子善女人等於深般若波羅
蜜多以清淨心恭敬信受為求无上正等菩
提書寫施他復為解説於深義趣令无疑惑
教受教誡諸情言汝應勤脩真菩薩道謂
深般若波羅蜜多若能精勤脩學此道速疾證
无上正等菩提拔濟无邊諸有情類令證實
際諸漏永盡入无餘依般涅槃界是善男子
善女人等所獲福聚甚多於前何以故憍尸
迦一切獨覺所證菩提皆是般若波羅蜜多
所流出故彼善男子善女人等聞深般若波
羅蜜多教受教誡精勤脩學漸次圓滿一切
佛法乃至證得一切智智化有情類令得預

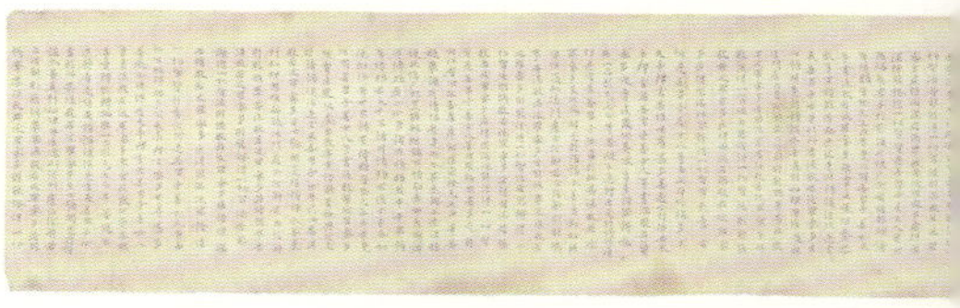

性離生乃至證得佛菩提故復次憍尸迦
置贍部洲一切有情若善男子善女人等教
四大洲一切有情皆令安住獨覺菩提於意
云何乃至廣說復次憍尸迦置四大洲一切
有情若善男子善女人等小千界一切有情
皆令安住獨覺菩提於意云何乃至廣說
復次憍尸迦置小千界一切有情若善男子
善女人等教中千界一切有情皆令安住獨
覺菩提於意云何乃至廣說復次憍尸迦置
中千界一切有情若善男子善女人等教大
千界一切有情皆令安住獨覺菩提於意云
何乃至廣說復次憍尸迦置大千界一切有
情若善男子善女人等普教十方各如殑伽沙
等世界一切有情皆令安住獨覺菩提於意
[illegible]

等世界一切有情皆令安住獨覺菩提於意
云何是善男子善女人等由此因緣得福多
不天帝釋言甚多世尊甚多善逝佛告
天帝釋言有善男子善女人等於深般若波
羅蜜多以清淨心恭敬信受為求无上正等
菩提書寫施他復為解說於深義趣令无疑
惑教受教誡諸有情言汝應勤脩真菩薩道
謂深般若波羅蜜多若能精勤脩學此道疾
證无上正等菩提拔濟无邊諸有類令證
實際諸漏永盡入无餘依般涅槃界是善男
子善女人等所獲福聚甚多於前何以故憍
尸迦一切獨覺所證菩提皆是般若波羅蜜
多所流出故彼善男子善女人等聞深般若
波羅蜜多教受教誡精勤脩學漸次圓滿一
切佛法速證得一切智智

薩正性離生乃至證得佛菩提故
復次憍尸迦若善男子善女人等教贍部洲
諸有情類皆發無上正等覺心於意云何是
善男子善女人等由此因緣得福多不天帝釋
言甚多世尊甚多善逝佛告天帝釋
言有善男子善女人等書寫深般若波羅蜜多
衆寶莊嚴供養恭敬尊重讚歎轉施與一已
發無上菩提心者受持讀誦復作是言來善
男子汝當於此甚深般若波羅蜜多至心聽
聞受持讀誦令善通利如理思惟隨此法門
應正信解若正信解則能修學甚深般若波
羅蜜多若能修學甚深般若波羅蜜多則能
證得一切智智若能證得一切智法則備般
若波羅蜜多疾得圓滿若有般若波羅蜜多

證得一切智智若能證得一切智法則修般
若波羅蜜多疾得圓滿若修般若波羅蜜多
疾得圓滿便能證得一切智智是善男子善
女人等所獲福聚甚深多於前復次憍尸迦置贍
部洲諸有情類若善男子善女人等教四大
洲諸有情類皆發无上正等覺心於意云
何乃至廣說復次憍尸迦置四大洲諸有情
類若善男子善女人等教小千界諸有情類
皆發无上正等覺心於意云何乃至廣說復
次憍尸迦置小千界諸有情類若善男子善
女人等教中千界諸有情類皆發无上正等
覺心於意云何乃至廣說復次憍尸迦置中
千界諸有情類若善男子善女人等教大千
界諸有情類皆發无上正等覺心於意云何

等世界諸有情類皆發无上正等覺心於意
云何是善男子善女人等由此因緣得福多
不天帝釋言甚多世尊甚多善逝佛告
天帝釋言有善男子善女人等書深般若波
羅蜜多衆寶莊嚴供養恭敬尊重讚歎轉施
與一已發无上菩提心者受持讀誦復作是言
言來善男子汝當於此甚深般若波羅蜜多
至心聽聞受持讀誦令善通利如理思惟隨
此法門應正信解若正信解則能修學甚深
般若波羅蜜多若能修學甚深般若波羅蜜
多則能證得一切智智若能證得一切智法
則修般若波羅蜜多疾得圓滿若修般若波
羅蜜多疾得圓滿便能證得一切智智是善
男子善女人等所獲福聚甚多於前復次憍

羅蜜多疾得圓滿便能證得一切智智是善
男子善女人等所獲福聚甚多於前復次憍
尸迦若善男子善女人等教贍部洲諸有情類
皆於无上正等菩提得不退轉於云何是
是善男子善女人等由此因緣得福多不天
帝釋言甚多世尊甚多善逝佛告天帝
釋言有善男子善女人等書深般若波羅蜜
多衆寶莊嚴供養恭敬尊重讚歎轉施與
一已於无上正等菩提不退轉者受持讀誦
復作是言來善男子汝當於此甚深般若波
羅蜜多至心聽聞受持讀誦令善通利如理
思惟隨此法門應正信解若信解則能脩學
其深般若波羅蜜多若能脩學甚深般若波
羅蜜多則能證得一切智法若能證得一切

者波羅蜜多[illegible]一十卷卷
是善男子善女人等所獲福聚甚深於前復
次憍尸迦置贍部洲諸有情類若善男子善
女人等教四大洲諸有情類皆於无上正等
菩提得不退轉於意云何乃至廣說復次憍
尸迦置四大洲諸有類情若善男子善女人
等教小千界諸有情類皆於无上正等菩提
得不轉退於意云何乃至廣說復次憍尸迦
置小千界諸有情類若善男子善女人等教
中千界諸有情類皆於无上正等菩提得不
退轉於意云何乃至廣說復次憍尸迦置中
千界諸有情類若善男子善女人等教大千
界諸有情類皆於无上正等菩提得不退轉
於意云何乃至廣說復次憍尸迦置大千界
諸有情類善男子善女人等普教十方各

於意云何乃至廣說復次憍尸迦置大千界
諸有情類善男子善女人等普教十方各
如殑伽沙等世界諸有情類皆於无上正等
菩提得不退轉於意云何是善男子善女人
等由此因緣得福多不天帝釋言甚多世尊
甚多善逝尒時佛告天帝釋言有善男子善
女人等書深般若波羅蜜多衆寶莊嚴供養
恭敬尊重讚歎轉施與一已於无上正等菩提
不退轉者受持讀誦復作是言來善男子
汝當於此甚深般若波羅蜜多至心聽聞受
持讀誦令善通利如理思惟隨此法門應正
信解若正信解則能脩學甚深般若波羅蜜多
若能脩學甚深般若波羅蜜多則能證得一
切智法若能證得一切智法則脩般若波羅

[illegible]作諸行一十[illegible]
獲福聚甚多於前復次憍尸迦若贍部洲諸
有情類皆發無上正等覺心有善男子善女人
等書深般若波羅蜜多衆寶莊嚴供養恭
敬尊重讚歎普施與彼受持讀誦復作是言
來善男子汝等於此甚深般若波羅蜜多至
心聽聞受持讀誦令善通利如理思惟隨此
法門應正等信解若正信解則能脩學甚深般
若波羅蜜多若能脩學甚深般若波羅蜜多則
能證得一智法若能證得一切智法則能脩
般若波羅蜜多疾得圓滿若脩般若波羅蜜
多疾得圓滿便能證得一切智智於意云
何是善男子善女人等由此因緣福多不
天帝釋言甚深世尊甚多善逝佘時佛告天
帝釋言若善男子善女人等書深般若波羅

帝釋言若善男子善女人等書深般若波羅
蜜多衆寶莊嚴供養恭敬尊重讃歎轉施
與一已於无上正等菩提不退轉者受持讀誦復
作是言來善男子汝當於此甚深般若波
羅蜜多至心聽聞受持讀誦令善通利如理
思惟隨此法門應正信解若正信解則能脩
學甚深般若波羅蜜多若能脩學甚深般若
波羅蜜多則能證得一切智法若能證得一
切智法則脩般若波羅蜜多疾得圓滿若脩
般若波羅蜜多疾得圓滿便能證得一切智
智是善男子善女人等所獲福聚甚多於前
所以者何彼菩薩摩訶薩定證无上正等菩
提學諸有情作善邊際令其速證三乘涅槃
復次憍尸迦置瞻部洲諸有情類若四大洲諸

有情類若大千界諸有情類若十方各如
殑伽沙等世界諸有情類皆發无上正等覺
心有善男子善女人等書深般若波羅蜜多
衆寶庄嚴供養恭敬尊重讚歎普施與彼受
持讀誦復作是言來善男子汝等於此甚深
般若波羅蜜多至心聽聞受持讀誦令善通
利如理思惟此隨法門應正信解若正信解
則能脩學甚深般若波羅蜜多若能脩學甚
深般若波羅蜜多則能證得一切智法若能
證得一切智法則脩般若波羅蜜多疾得圓滿
若脩般若波羅蜜多疾得圓滿便能證得
一切智智於意云何是善男子善女人等由
此因緣得福多不天帝釋言甚多世尊甚多
善逝尒時佛告天帝釋言若善男子善女人
[illegible]

善逝尒時佛告天帝釋言若善男子善女人
等書深般若波羅蜜多衆寶莊嚴供養恭敬
尊重讚歎轉施與一已於无上正等菩提不
退轉者受持受讀誦復作是言來善男子汝
當於此甚深般若波羅蜜多至心聽聞受持讀
誦令善通利如理思惟隨此法門應正信解若
正信解則能脩學甚深般若波羅蜜多若能
脩學甚深般若波羅蜜多則能證得一切

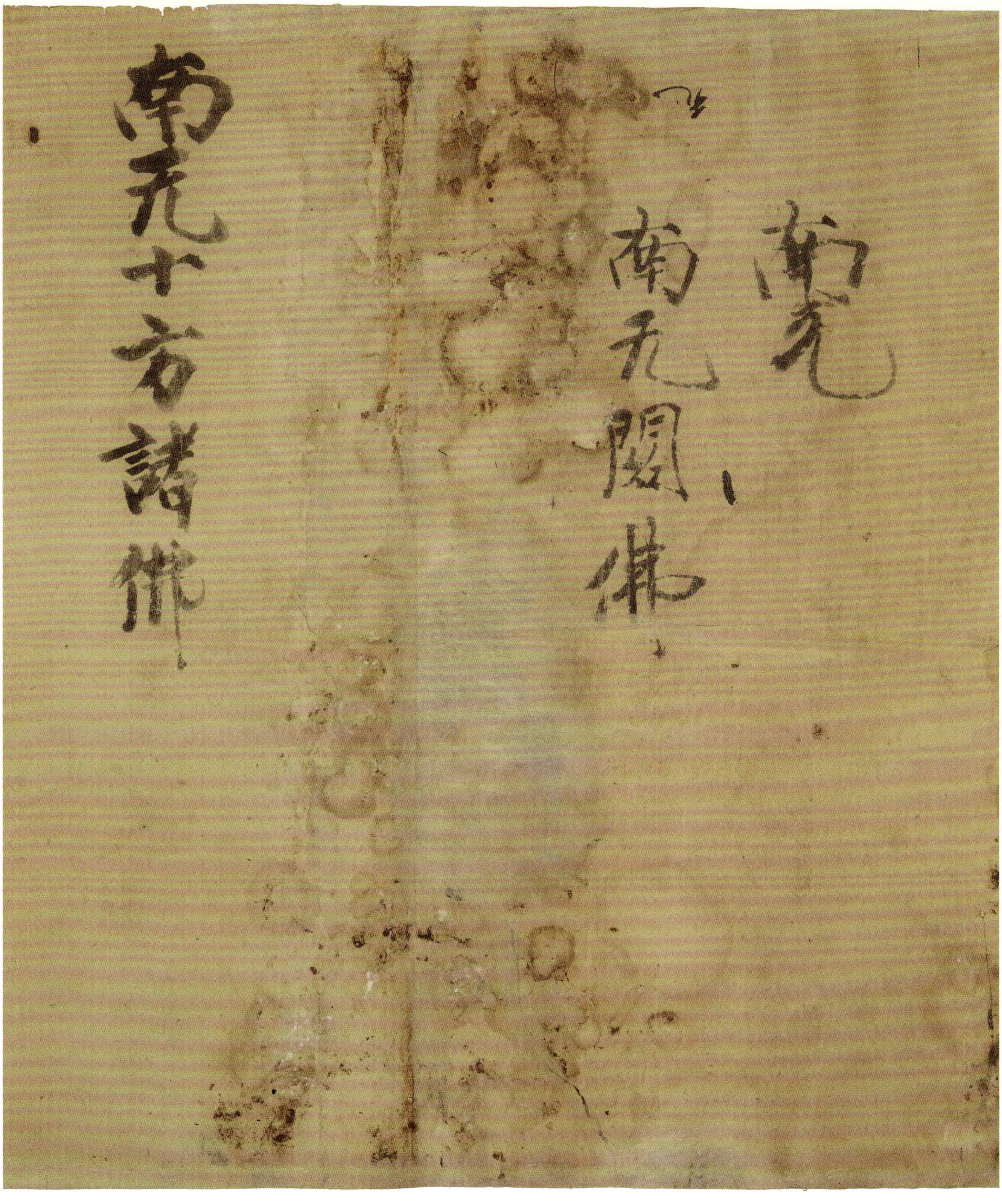
南无
南无閦佛
南无十方諸佛

BD00762v　雜寫

BD00763 大般涅槃經卷三四

（北涼）曇無讖 譯

443cm × 26cm

家脩道斷絶四怨生老病死即勑有司於其
城外作七寶堂作已便告羣臣百官宮内妃
后諸子眷屬汝等當知我欲出家能見聽不
尒時大臣及其眷屬各作是言善哉大王今
正是時時善見王將一使人獨處堂上復逕
八万四千年中脩習慈心是慈因緣於後八
万四千世中次第得作轉輪聖王卅世中作
釋提桓因无量世中作諸小王善男子尒時
善見豈異人乎莫作斯觀即我身是善男子
我諸弟子聞是說已不解我意唱言如來定
說有我及有我所又我一時為諸衆生說言
我者即是性也所謂内外因緣十二因緣衆
生五陰心界世間功德業行自在天世即名
為我我諸弟子聞是說已不解我意唱言

[illegible]宣說无[illegible]時有一比丘來
至我所作如是言世尊云何名我誰是我耶
何緣故我我時即為比丘說言比丘无我我
所眼者即是本无今有已有還无其生之時
无所從來及其滅時亦无所至雖有業果无
有作者无有捨陰及受陰者如汝所問云何
我者我即期也誰是我者即是業也何緣我
者即是愛也比丘譬如二手相拍聲出其中
我亦如是眾生業愛三因緣故名之為我比
丘一切眾生色不是我我中无色色中无我
乃至識亦如是比丘諸外道輩雖說有我終
不離陰若說離陰別有我者无有是處一切
眾生行如幻化熱時之炎比丘五陰皆是无
常无樂无我无淨善男子尒時多有无量比

BD00763　大般涅槃經卷三四

常无樂无我无淨善男子尒時多有无量比
丘觀此五陰无我我所得阿羅漢果善男子
我諸弟子聞是說已不解我意唱言如來定
說无我
善男子我於經中復作是言三事和合得受
是身一父二母三者中陰是三和合得受是
身或時復說阿那含人現般涅槃或於中陰
入般涅槃或復說言中陰身根具足明了皆
因往業如淨醍醐善男子我或時說弊惡衆
生所受中陰如世間中麁澁氀褐純善衆生
所受中陰如波羅捺所出白疊我諸弟子聞
是說已不解我意唱言如來說有中陰善男
子我復為彼逆罪衆生而作是言造五逆者

我復為彼犢子梵志說言若有中陰則
有六有我復說言无色衆生无有中陰善男
子我諸弟子聞是說已不解我意唱言佛說
定无中陰
善男子我於經中復說有退何以故因於无
量懈怠懶墯諸比丘等不脩道故說退五種
一者樂於多事二者樂說世事三者樂於睡
眠四者樂近在家五者樂多遊行以是因緣
令比丘退說退因緣復有二種一內二外阿
羅漢人雖離內因不離外因以外因緣故生
煩惱生煩惱故則便退失復有比丘名曰瞿
坻六反退失退已慚愧復更進脩第七即得
得已恐失以刀自害我復或說有時解脫或

淂已恐失以刀自害我復或說有時解脫或
說六種阿羅漢等我諸弟子聞是說已不解
我意唱言如来定說有退善男子經中復說
辟如樵炭不還爲木亦如瓶壞更无瓶用煩
惱亦尒阿羅漢斷終不還生亦說衆生生煩
惱因凡有三種一者未斷煩惱二者不斷因
緣三者不善思惟而阿羅漢无二因緣謂斷
煩惱无不善思惟善男子我諸弟子聞是說
已不解我意唱言如来定說不退
善男子我於經中說如来身凡有二種一者
生身二者法身言生身者即是方便應化之
身如是身者可淂言是生老病死長短黑白
是此是彼是學无學我諸弟子聞是說已不
解我意唱言如来定說[illegible]

黑非長非短非此非彼非學无學若佛出世
及不出世常住不動无有變易善男子我諸
弟子聞是說已不解我意唱言如來定說佛
身是无為法
善男子我經中說云何名為十二因緣從无
明生行從行生識從識生名色從名色生六
入從六入生觸從觸生受從受生愛從愛生
取從取生有從有生生從生則有老死憂苦
善男子我諸弟子聞是說已不解我意唱言
如來說十二緣定是有為我又一時告喻比
丘而作是言十二因緣有佛无佛性相常住
善男子有十二緣不從緣生有從緣生非十
二緣有從緣生亦十二緣有非緣生非十二

BD00763　大般涅槃經卷三四

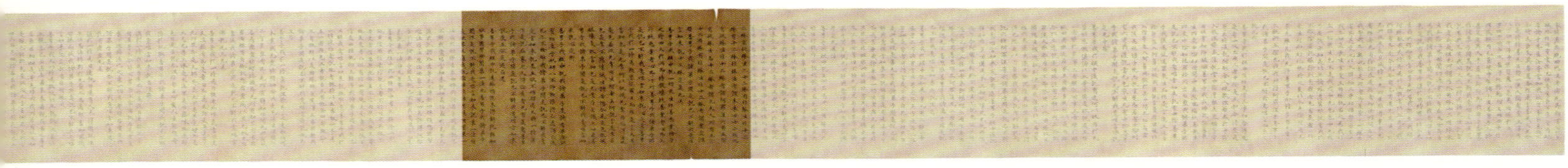

二緣有從緣生亦十二緣有非緣生非十二
緣有十二緣非緣生者謂未來世十二枝也
有從緣生非十二緣者謂阿羅漢所有五陰
有從緣生名十二緣者謂凡夫人所有五陰
十二因緣有非緣生非十二緣者謂虛空涅
槃善男子我諸弟子聞是説已不解我意唱
言如來説十二緣定是无為
善男子我經中説一切衆生作善惡業捨身
之時四大於此即時散壞純善業者心即上
行純惡業者心即下行善男子我諸弟子聞
是説已不解我意唱言如來説心定常善男
子我於一時為頻婆娑羅王而作是言大王
當知色是无常何以故從无常因而得生故
[illegible]

色是常不應壞滅[illegible]
破壞是故當知色是无常乃至識亦如是善
男子我諸弟子聞是說已不解我意唱言如
来說心定斷
善男子我經中說我諸弟子受諸香華金銀
寶物妻子奴婢八不淨物獲得正道得正道
已亦不捨離我諸弟子聞是說已不解我意
定言如来說受五欲不妨聖道又我一時復
作是說在家之人得正道者无有是處善男
子我諸弟子聞是說已不解我意唱言如来
說受五欲定遮正道
善男子我經中說遠離煩惱未得解脫猶如
欲界脩習世間第一法也善男子我諸弟子
聞作是說不解我意唱言如来說第一法唯
[illegible]

聞作是說不解我意唱言如來說第一法唯
是欲界又復我說曘法頂法忍法世間第一
法在於初禪至第四禪我諸弟子聞是說已
不解我意唱言如來說如是法在於色界又
復我說諸外道等先已得斷四禪煩惱脩習
曘法頂法忍法世第一法觀四真諦得阿那
含果我諸弟子聞是說已不解我意唱言如來
來說第一法在无色界
善男子我經中說四種施中有三種淨一者
施主信因信果信施受者不信因果與施二
者受者信因果施施主不信因果及施三者
施主受者二俱有信四者施主受者二俱不
信是四種施初三種淨我諸弟子聞是說已

一時復作是說施者施時以五事施何等
五一者施色二者施力三者施安四者施命
五者施辯以是因緣施主還得五事果報我
諸弟子聞是說已不解我意唱言佛說施即
五陰
善男子我於一時宣說涅槃即是遠離煩惱
永盡滅无遺餘猶如燈滅更无法生涅槃亦
尒言虛空者即无所有譬如世間无所有故
名為虛空非智緣滅即无所有如其有者應
有因緣有因緣故應有盡滅以其无故无有
盡滅我諸弟子聞是說已不解我意唱言
佛說无三无為
善男子我於一時為目揵連而作是言目連
夫涅槃者即是章句即是足跡是畢竟處是
无所畏即是大師即是大果是畢竟智即是

夫涅槃者即是章句即是足跡是畢竟處是
无所畏即是大師即是大果是畢竟智即是
大忍无导三昧是大法界是甘露味即是難
見目連若説无涅槃者云何有人生誹謗者
隨於地獄善男子我諸弟子聞是説已不解
我意唱言如來説有涅槃
復於一時我爲目連而作是説目連眼不牢
固至身亦尒皆不牢固不牢固故名爲虛空
食下迴轉消化之處一切音聲皆名虛空我
諸弟子聞是説已不解我意唱言如來决定
説有虛空无爲
復於一時爲目連説目連有人未得須陁洹
果住忍法時斷於无量三惡道報當知不從
[illegible]

善男子我又一時為跋波比丘說跋波若比
丘觀色已若過去若未来若現在若近若遠
若麁若細如是等色非我我所若有比丘如
是觀已能斷色愛跋波又言云何名色我言
四大名色四陰名名我諸弟子聞是說已不
解我意唱言如来決定說言色是四大善男
子我復說言譬如因鏡則有像現色亦如是
因四大造所謂麁細澁滑青黃赤白長短方
圓耶角輕重寒熱飢渴烟雲塵霧是名造
色猶如嚮像我諸弟子聞是說已不解我意
唱言如来說有四大則有造色或有四大无
有造色
善男子往昔一時善提王子作如是言若有
比丘護持禁戒若發惡心當知是時失比丘

BD00763　大般涅槃經卷三四

善男子往昔一時菩提王子作如是言若有
比丘護持禁戒若發惡心當知是時失比丘
戒我時語言菩提王子戒有七種從扵身口
有无作色以是无作色因緣故其心雖在惡
无記中不名失戒猶名持戒以何因緣名无
作色非異色因不作異色因果善男子我諸
弟子聞是說已不解我意唱言佛說有无作
色善男子我扵餘經作如是言戒者即是遮
制惡法若不作惡是名持戒我諸弟子聞是
說已不解我意唱言如來決定宣說无无作色
善男子我扵經中作如是說聖人色陰乃至
識陰皆是无明因緣所出一切凡夫亦復如
是從无明生愛當知是愛即是无明從愛生

无明愛取行有生受當知是受因是行有行
受因緣生於名色无明愛取有行愛觸識六
入等是故受者即十二枝善男子我諸弟子
聞是說已不解我意唱言如來說无心數善
男子我於經中作如是說從眼色明惡欲等
四則生眼識言惡欲者即是无明欲性求時
即名爲愛愛因緣取取名爲業業因緣識識
緣名色名色緣六入六入緣觸觸緣想受愛
信精進定慧如是等法因觸而生然非是觸
善男子我諸弟子聞是說已不解我意唱言
如來說有心數
善男子我或時說唯有一有或說二三四五六
七八九至廿五我諸弟子聞是說已不解我
意唱言如來說有五有或言六有
善男子我或住一時在迦毗羅衛尼拘陀林時

意唱言如來說有五有或言六有
善男子我往一時住迦毗羅衛尼拘陁林時
釋摩男來至我所作如是言云何名爲優婆
塞也我即爲說若有善男子善女人諸根完
具受三歸依是則名爲優婆塞也釋摩男言
世尊云何名爲一分優婆塞我言釋摩男若
受三歸及受一戒是名一分優婆塞也我諸
弟子聞是說已不解我意唱言如來說優婆
塞戒不具受得善男子我於一時住恒河邊
尒時迦栴延來至我所作如是言世尊我教衆
生令受齋法或一日或一夜或一時或一念如
是之人成齋不耶我言比丘是人得善不
名得齋我諸弟子聞是說已不解我意唱
言如來說八戒齋具受乃得

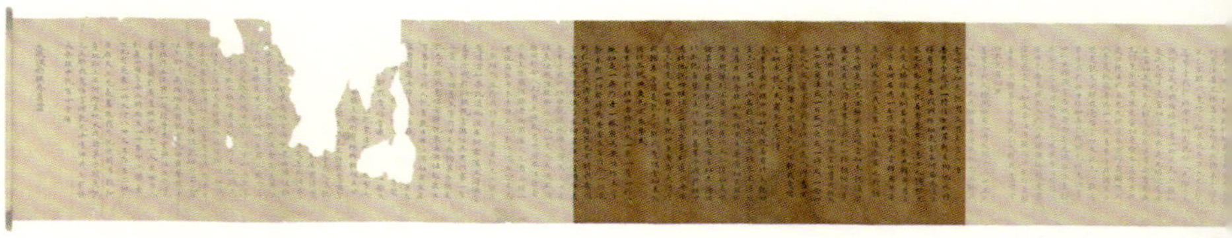

重已不名比丘名破比丘亡失比丘不復能
生善牙種子譬如燋種不生菓實如多羅樹
頭若斷壞則不生菓犯重比丘亦復如是我
諸弟子聞是說已不解我意唱言如來說諸
比丘犯重禁已失比丘戒善男子我於經中
為純陁說四種比丘一者畢竟到道二者示
道三者受道四者汙道犯四重者即是汙道
我諸弟子聞是說已不解我意唱言如來說
諸比丘犯四重已不失禁戒
善男子我於經中告諸比丘一乘一道一行一
緣如是一乘乃至一緣能為眾生作大寂
靜永斷一切繫縛愁苦及苦因令一切眾
到於一有我諸弟子聞是說已不解我意唱

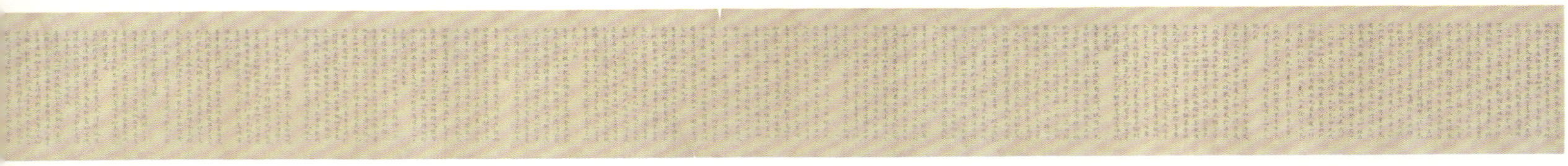

龍[illegible]斷一切[illegible]
到於一有我諸弟子聞是說已不解我意唱
言如來說須陁洹乃至阿羅漢人皆得佛道
善男子我於經中說須陁洹人間天上七反
往來便般涅槃斯陁含人一受人天便般涅
槃阿那含人凡有五種或有中間般涅槃者
乃至上流般涅槃者阿羅漢人凡有二種一
者現在二者未來現在之斷煩惱五陰未來
之斷煩惱五陰我諸弟子聞是說已不解我
意唱言如來說須陁洹至阿羅漢不得佛道
善男子我於此經說言佛性具有六事一常
二實三真四善五淨六可見我諸弟子聞是
說已不解我意唱言佛說衆生佛性離衆生
有善男子我又說言衆生佛性猶如虛空虛
空者非[illegible]

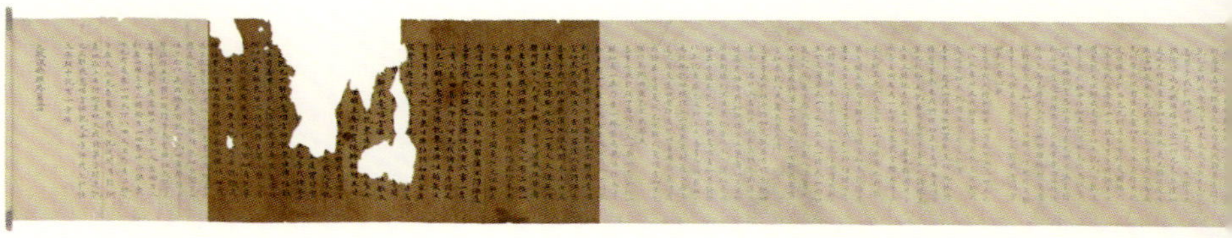

者口
子聞
不解我意唱言佛
性離衆
波說衆生佛
如貧女
士頷上金剛寶珠轉輪聖王甘
子聞是說已不解我意唱言
子我又復說
五逆罪皆有
善
性是善我諸弟子
是說已不解我意唱言佛說衆生佛性離
衆生有善男子我又復說衆生者即是佛性
何以故若離衆生不得阿耨多羅三藐三菩
是故我與波斯匿王說於偈喻如盲說象
得偈然不離偈衆生說乃至說識是
佛性者亦復如是雖非佛性非不佛性如我

佛性者亦復如是雖非佛性非不佛性如我
為王說箜篌喻佛性亦尒善男子我諸弟子
聞是說已不解我意作種種說如盲問乳佛
性亦尒以是因緣或有說言犯四重禁謗方
等經作五逆罪一闡提等悉有佛性或說言无
善男子我於處處經中說言一人出世多人
利益一國土中二轉輪王一世界中二佛出
世无有是處一四天下八四天王乃至二他化
自在天亦无是處然我乃說從閻浮提阿
鼻地獄上至阿迦貳吒天我諸弟子聞是說
已不解我意唱言佛說无十方佛我亦於諸
大乘經中說有十方佛

大般涅槃經卷第卅四

BD00763　大般涅槃經卷三四

圖書在版編目（CIP）數據

中國國家圖書館藏敦煌文獻. 第五〇册 / 中國國家圖書館編. -- 北京：國家圖書館出版社，2024. 12. --ISBN 978-7-5013-8329-0

Ⅰ. K870. 6

中國國家版本館 CIP 數據核字第 2024TQ1681 號

書　　名　中國國家圖書館藏敦煌文獻・第五〇册

著　　者　中國國家圖書館　編

項目統籌　魏　崇　殷夢霞

責任編輯　程魯潔　潘　竹　黄　鑫　苗文葉

責任校對　王　哲

出版發行　國家圖書館出版社（北京市西城區文津街 7 號　100034）

（原書目文獻出版社　北京圖書館出版社）

010-66114536　63802249　nlcpress@nlc.cn（郵購）

網　　址　http://www.nlcpress.com

排版印裝　天津裕同印刷有限公司

版次印次　2024 年 12 月第 1 版　2024 年 12 月第 1 次印刷

開　　本　787×1092　1/8

印　　張　40

書　　號　ISBN 978-7-5013-8329-0

定　　價　2800.00 圓